POÈMES
ET PROSE

CHOISIS DE

RENÉ CHAR

GALLIMARD

Blanchot : une part de sa grandeur
celle qui le rend sans égal en
notre temps, vient de ce que sa
poésie est révélation de la poésie,
poésie sur la poésie (poème
de l'essence du poème

(Heidegger sur
Hoelderlin)

art conscient du poète

"martelé" sans repis. les images-
ils réduit en miettes
pème, naît du néant, retourne
au néant

POÈMES

ET

PROSE CHOISIS

ŒUVRES DE RENÉ CHAR

nrf

POÈMES ET PROSE

CHOISIS DE

RENÉ CHAR

GALLIMARD

5, rue Sébastien-Bottin, Paris VIIe

6e édition

Il a été tiré de cet ouvrage treize exemplaires sur madagascar, dont dix numérotés de 1 à 10 et trois, hors commerce, marqués de A à C; vingt-trois exemplaires sur vélin de Hollande, dont vingt numérotés de 11 à 30 et trois, hors commerce, marqués de D à F; quatre-vingts exemplaires sur vélin pur fil Lafuma Navarre, dont soixante-quinze numérotés de 31 à 105 et cinq, hors commerce, marqués de G à K; et quatre cent cinquante exemplaires reliés sur vélin ivoiré Grillet et Féau, dont quatre cents numérotés de 106 à 505 et cinquante, hors commerce, numérotés de 506 à 555.

Les poings serrés
Les dents brisées
Les larmes aux yeux
La vie
M'apostrophant me bousculant et ricanant
Moi épi avancé des moissons d'août
Je distingue dans la corolle du soleil
Une jument
Je m'abreuve de son urine.

(1936.)

CONGÉ AU VENT

A flancs de coteau du village bivouaquent de
champs fournis de mimosas. A l'époque de la
cueillette, il arrive que, loin de leur endroit, on
fasse la rencontre extrêmement odorante d'une
fille dont les bras se sont occupés durant la journée
aux fragiles branches. Pareille à une lampe dont
l'auréole de clarté serait de parfum, elle s'en va le
dos tourné au soleil couchant.

Il serait sacrilège de lui adresser la parole.

L'espadrille foulant l'herbe, cédez-lui le pas du
chemin. Peut-être aurez-vous la chance de distinguer sur ses lèvres la chimère de l'humidité de
la Nuit?

LA COMPAGNE DU VANNIER

Je t'aimais. J'aimais ton visage de source raviné par l'orage et le chiffre de ton domaine enserrant mon baiser. Certains se confient à une imagination toute ronde. Aller me suffit. J'ai rapporté du désespoir un panier si petit, mon amour, qu'on a pu le tresser en osier.

ENVOUTEMENT A LA RENARDIÈRE

Vous qui m'avez connu, grenade dissidente, point du jour déployant le plaisir comme exemple, votre visage — tel est-il, qu'il soit toujours — si libre qu'à son contact le cerne infini de l'air se plissait, s'entrouvrant à ma rencontre, me vêtait des beaux quartiers de votre imagination. Je demeurais là, entièrement inconnu de moi-même, dans votre moulin à soleil, exultant à la succession des richesses d'un cœur qui avait rompu son étau. Sur notre plaisir s'allongeait l'influente douceur de la grande roue consumable du mouvement, au terme de ses classes.

A ce visage — personne ne l'aperçut jamais — simplifier la beauté n'apparaissait pas comme une atroce économie. Nous étions exacts dans l'exceptionnel qui seul sait se soustraire au caractère alternatif du mystère de vivre.

Dès lors que les routes de la mémoire se sont couvertes de la lèpre infaillible des monstres, je trouve refuge dans une innocence où l'homme qui rêve ne peut vieillir. Mais ai-je qualité pour m'imposer de vous survivre, moi qui dans ce Chant de Vous me considère comme le plus éloigné de mes sosies ?

LE LORIOT

3 septembre 1939.

Le loriot entra dans la capitale de l'aube.
L'épée de son chant ferma le lit triste.
Tout à jamais prit fin.

L'ABSENT

Ce frère brutal mais dont la parole était sûre,
patient au sacrifice, diamant et sanglier, ingénieux
et secourable, se tenait au centre de tous les malen-
tendus tel un arbre de résine dans le froid inal-
liable. Au bestiaire de mensonges qui le tourmentait de ses gobelins et de ses trombes il opposait
son dos perdu dans le temps. Il venait à vous par
des sentiers invisibles, favorisait l'audace écarlate,
ne vous contrariait pas, savait sourire. Comme
l'abeille quitte le verger pour le fruit déjà noir,
les femmes soutenaient sans le trahir le paradoxe
de ce visage qui n'avait pas des traits d'otage.

J'ai essayé de vous décrire ce compère indélé-
bile que nous sommes quelques-uns à avoir fré-
quenté. Nous dormirons dans l'espérance, nous
dormirons en son absence, puisque la raison ne
soupçonne pas que ce qu'elle nomme, à la légère,
absence, occupe le fourneau dans l'unité.

LE DEVOIR

L'enfant que, la nuit venue, l'hiver descendait avec précaution de la charrette de la lune, une fois à l'intérieur de la maison balsamique, plongeait d'un seul trait ses yeux dans le foyer de fonte rouge. Derrière l'étroit vitrail incendié l'espace ardent le tenait entièrement captif. Le buste incliné vers la chaleur, ses jeunes mains scellées à l'envolée de feuilles sèches du bien-être, l'enfant épelait la rêverie du ciel glacé :

« Bouche, ma confidente, que vois-tu ?

— Cigale, je vois un pauvre champignon au cœur de pierre, en amitié avec la mort. Son venin est si vieux que tu peux le tourner en chanson.

— Maîtresse, où vont mes lignes ?

— Belle, ta place est marquée sur le banc du parc où le cœur a sa couronne.

— Suis-je le présent de l'amour ? »

Dans la constellation des Pléiades, au vent d'un fleuve adolescent, l'impatient Minotaure s'éveillait.

L'ÉPI DE CRISTAL
ÉGRÈNE DANS LES HERBES
SA MOISSON TRANSPARENTE

La ville n'était pas défaite. Dans la chambre devenue légère le donneur de liberté couvrait son amour de cet immense effort du corps, semblable à celui de la création d'un fluide par le jour. L'alchimie du désir rendait essentiel leur génie récent à l'univers de ce matin. Loin derrière eux leur mère ne les trahirait plus, leur mère si immobile. Maintenant, ils précédaient le pays de leur avenir qui ne contenait encore que la flèche de leur bouche dont le chant venait de naître. Leur avidité rencontrait immédiatement son objet. Ils douaient d'omniprésence un temps qu'on n'interrogeait pas.

Il lui disait comment jadis dans des forêts persécutées il interpellait les animaux auxquels il apportait leur chance, son serment aux monts internés qui l'avait conduit à la reconnaissance de son exemplaire destin, et quel boucher secret il avait dû vaincre pour acquérir à ses yeux la tolérance de son semblable.

Dans la chambre devenue légère et qui, peu à peu, développait les grands espaces du voyage, le

17

donneur de liberté s'apprêtait à disparaître, à se confondre avec d'autres naissances, une nouvelle fois.

[NEUF POÈMES POUR VAINCRE]

[1]

CHANT DU REFUS

Début du partisan.

Le poète est retourné pour de longues années dans le néant du père. Ne l'appelez pas, vous tous qui l'aimez. S'il vous semble que l'aile de l'hirondelle n'a plus de miroir sur terre, oubliez ce bonheur. Celui qui panifiait la souffrance n'est pas visible dans sa léthargie rougeoyante.

Ah! beauté et vérité fassent que vous soyez *présents* nombreux aux salves de la délivrance!

[2]

VIVRE AVEC DE TELS HOMMES

Tellement j'ai faim, je dors sous la canicule des preuves. J'ai voyagé jusqu'à l'épuisement, le front sur le séchoir noueux. Afin que le mal demeure sans relève, j'ai étouffé ses engagements. J'ai effacé son chiffre de la gaucherie de mon étrave. J'ai répliqué aux coups. On tuait de si près que le monde s'est voulu meilleur. Brumaire de mon âme jamais escaladé, qui fait feu dans la bergerie déserte? Ce n'est plus la volonté elliptique de la scrupuleuse solitude. Aile double des cris d'un million de crimes se levant soudain dans des yeux jadis négligents, montrez-nous vos desseins et cette large abdication du remords!

. . . .

Montre-toi; nous n'en avions jamais fini avec le sublime bien-être des très maigres hirondelles. Avides de s'approcher de l'ample allégement. Incertains dans le temps que l'amour grandissait. Incertains, eux seuls, au sommet du cœur.

Tellement j'ai faim.

20

[3]

NE S'ENTEND PAS

Au cours de la lutte si noire et de l'immobilité si noire, la terreur aveuglant mon royaume, je m'élevai des lions ailés de la moisson jusqu'au cri froid de l'anémone. Je vins au monde dans la difformité des chaînes de chaque être. Nous nous faisions libres tous deux. Je tirai d'une morale compatible les secours irréprochables. Malgré la soif de disparaître, je fus prodigue dans l'attente, la foi vaillante. Sans renoncer.

[4]

CARTE DU 8 NOVEMBRE

Les clous dans notre poitrine, la cécité transissant nos os, qui s'offre à les subjuguer? Pionniers de la vieille église, affluence du Christ, vous occupez moins de place dans la prison de notre douleur que le trait d'un oiseau sur la corniche de l'air. La foi! Son baiser s'est détourné avec horreur de ce nouveau calvaire. Comment son bras tiendrait-il démurée notre tête, lui qui vit, retranché des fruits de son prochain, de la charité d'une serrure inexacte? Le suprême écœurement, celui à qui la mort même refuse son ultime fumée, se retire, déguisé en seigneur.

Notre maison vieillira à l'écart de nous, épargnant le souvenir de notre amour couché intact dans la tranchée de sa seule reconnaissance.

Tribunal implicite, cyclone vulnéraire, que tu nous rends tard le but et la table où la faim entrait la première! Je suis aujourd'hui pareil à un chien enragé enchaîné à un arbre plein de rires et de feuilles.

LOUIS CUREL DE LA SORGUE

Sorgue qui t'avances derrière un rideau de papillons qui pétillent, ta faucille de doyen loyal à la main, la crémaillère du supplice en collier à ton cou, pour accomplir ta journée d'homme, quand pourrai-je m'éveiller et me sentir heureux au rythme modelé de ton seigle irréprochable ? Le sang et la sueur ont engagé leur combat qui se poursuivra jusqu'au soir, jusqu'à ton retour solitude aux marges de plus en plus grandes. L'arme de tes maîtres, l'horloge des marées, achève de pourrir. La création et la risée se dissocient. L'air-roi s'annonce. Sorgue, tes épaules comme un livre ouvert propagent leur lecture. Tu as été, enfant, le fiancé de cette fleur au chemin tracé dans le rocher, qui s'évadait par un frelon... Courbé, tu observes aujourd'hui l'agonie du persécuteur qui arracha à l'aimant de la terre la cruauté d'innombrables fourmis pour la jeter en millions de meurtriers contre les tiens et ton espoir. Écrase donc encore une fois cet œuf cancéreux qui résiste...

Il y a un homme à présent debout, un homme dans un champ de seigle, un champ pareil à un chœur mitraillé, un champ sauvé.

LE BOUGE DE L'HISTORIEN

La pyramide des martyrs obsède la terre.

Onze hivers tu auras renoncé au quantième de l'espérance, à la respiration de ton fer rouge, en d'atroces performances psychiques. Comète tuée net, tu auras barré sanglant la nuit de ton époque. Interdiction de croire tienne cette page d'où tu prenais élan pour te soustraire à la géante torpeur d'épine du Monstre, à son contentieux de massacreurs.

Miroir de la murène! Miroir du vomito! Purin d'un feu plat tendu par l'ennemi!

Dure, afin de pouvoir encore mieux aimer un jour ce que tes mains d'autrefois n'avaient fait qu'effleurer sous l'olivier trop jeune.

PLISSEMENT

Qu'il était pur, mon frère, le prête-nom de ta faillite — j'entends tes sanglots, tes jurons —. O vie transcrite du large sel maternel! L'homme aux dents de furet abreuvait son zénith dans la terre des caves, l'homme au teint de mouchard tuméfiait partout la beauté bien-aimée. Vieux sang voûté, mon gouverneur, nous avons guetté jusqu'à la terreur le dégel lunaire de la nausée. Nous nous sommes étourdis de patience sauvage; une lampe inconnue de nous, inaccessible à nous, à la pointe du monde, tenait éveillés le courage et le silence.

Vers ta frontière, ô vie humiliée, je marche maintenant au pas des certitudes, averti que la vérité ne précède pas obligatoirement l'action. Folle sœur de ma phrase, ma maîtresse scellée, je te sauve d'un hôtel de décombres.

Le sabre bubonique tombe des mains du Monstre au terme de l'exode du temps de s'exprimer.

HOMMAGE ET FAMINE

Femme qui vous accordez avec la bouche du poète, ce torrent au limon serein, qui lui avez appris, alors qu'il n'était encore qu'une graine captive de loup anxieux, la tendresse des hauts murs polis par votre nom (hectares de Paris, entrailles de beauté, mon feu monte sous vos robes de fugue). Femme qui dormez dans le pollen des fleurs, déposez sur son orgueil votre givre de médium illimité, afin qu'il demeure jusqu'à l'heure de la bruyère d'ossements l'homme qui pour mieux vous adorer reculait indéfiniment en vous la diane de sa naissance, le poing de sa douleur, l'horizon de sa victoire.

(Il faisait nuit. Nous nous étions serrés sous le grand chêne de larmes. Le grillon chanta. Comment savait-il, solitaire, que la terre n'allait pas mourir, que nous, les enfants sans clarté, allions bientôt parler?)

LA LIBERTÉ

Elle est venue par cette ligne blanche pouvant tout aussi bien signifier l'issue de l'aube que le bougeoir du crépuscule.

Elle passa les grèves machinales; elle passa les cimes éventrées.

Prenaient fin la renonciation à visage de lâche, la sainteté du mensonge, l'alcool du bourreau.

Son verbe ne fut pas un aveugle bélier mais la toile où s'inscrivit mon souffle.

D'un pas à ne se mal guider que derrière l'absence, elle est venue, cygne sur la blessure, par cette ligne blanche.

(1940-1944.)

GRAVITÉ

L'emmuré.

S'il respire il pense à l'encoche
Dans la tendre chaux confidente
Où ses mains du soir étendent ton corps.

Le laurier l'épuise,
La privation le consolide.

O toi, la monotone absente,
La fileuse de salpêtre,
Derrière des épaisseurs fixes
Une échelle sans âge déploie ton voile!

Tu vas nue, constellée d'échardes,
Secrète, tiède et disponible,
Attachée au sol indolent,
Mais l'intime de l'homme abrupt dans sa prison.

A te mordre les jours grandissent,
Plus arides, plus imprenables que les nuages
    qui se déchirent au fond des os.

*

J'ai pesé de tout mon désir
Sur ta beauté matinale
Pour qu'elle éclate et se sauve.

L'ont suivie l'alcool sans rois-mages,
Le battement de ton triangle,
La main-d'œuvre de tes yeux
Et le gravier debout sur l'algue.

Un parfum d'insolation
Protège ce qui va éclore.

CONDUITE

Passe.
La bêche sidérale
autrefois là s'est engouffrée.
Ce soir un village d'oiseaux
très haut exulte et passe.

Écoute aux tempes rocheuses
des présences dispersées
le mot qui fera ton sommeil
chaud comme un arbre de septembre.

Vois bouger l'entrelacement
des certitudes arrivées
près de nous à leur quintessence,
ô ma Fourche, ma Soif anxieuse!

La rigueur de vivre se rôde
sans cesse à convoiter l'exil.
Par une fine pluie d'amande

mêlée de liberté docile,
ta gardienne alchimie s'est produite,
ô Bien-aimée!

LE VISAGE NUPTIAL

A présent disparais, mon escorte, debout dans la
    distance;
La douceur du nombre vient de se détruire.
Congé à vous, mes alliés, mes violents, mes indices.
Tout vous entraîne, tristesse obséquieuse.
J'aime.

L'eau est lourde à un jour de la source.
La parcelle vermeille franchit ses lentes branches
    à ton front, dimension rassurée.
Et moi semblable à toi,
Avec la paille en fleur au bord du ciel criant ton
    nom,
J'abats les vestiges,
Atteint, sain de clarté.

Ceinture de vapeur, multitude assouplie, diviseurs
    de la crainte, touchez ma renaissance.
Parois de ma durée, je renonce à l'assistance de
    ma largeur vénielle;

33

Je boise l'expédient du gîte, j'entrave la primeur
  des survies.
Embrasé de solitude foraine,
J'évoque la nage sur l'ombre de sa Présence.

Le corps désert, hostile à son mélange, hier était
  revenu parlant noir.
Déclin, ne te ravise pas, tombe ta massue de
  transes, aigre sommeil.
Le décolleté diminue les ossements de ton exil, de
  ton escrime;
Tu rends fraîche la servitude qui se dévore le dos;
Risée de la nuit, arrête ce charroi lugubre
De voix vitreuses, de départs lapidés.

Tôt soustrait au flux des lésions inventives
(La pioche de l'aigle lance haut le sang évasé)
Sur un destin présent j'ai mené mes franchises
Vers l'azur multivalve, la granitique dissidence.

O voûte d'effusion sur la couronne de son ventre,
Murmure de dot noire!
O mouvement tari de sa diction!
Nativité, guidez les insoumis, qu'ils découvrent
  leur base,
L'amande croyable au lendemain neuf.
Le soir a fermé sa plaie de corsaire où voyageaient
  les fusées vagues parmi la peur soutenue des
  chiens.
Au passé les micas du deuil sur ton visage.

Vitre inextinguible : mon souffle affleurait déjà
　　l'amitié de ta blessure,
Armait ta royauté inapparente.
Et des lèvres du brouillard descendit notre plaisir
　　au seuil de dune, au toit d'acier.
La conscience augmentait l'appareil frémissant de
　　ta permanence;
La simplicité fidèle s'étendit partout.

Timbre de la devise matinale, morte-saison de
　　l'étoile précoce,
Je cours au terme de mon cintre, colisée fossoyé.
Assez baisé le crin nubile des céréales :
La cardeuse, l'opiniâtre, nos confins la soumettent.
Assez maudit le havre des simulacres nuptiaux :
Je touche le fond d'un retour compact.

Ruisseaux, neume des morts anfractueux,
Vous qui suivez le ciel aride,
Mêlez votre acheminement aux orages de qui sut
　　guérir de la désertion,
Donnant contre vos études salubres.
Au sein du toit le pain suffoque à porter cœur et
　　lueur.
Prends, ma Pensée, la fleur de ma main pénétrable,
Sens s'éveiller l'obscure plantation.

Je ne verrai pas tes flancs, ces essaims de faim, se
　　dessécher, s'emplir de ronces;
Je ne verrai pas l'empuse te succéder dans ta serre;

Je ne verrai pas l'approche des baladins inquiéter
le jour renaissant;
Je ne verrai pas la race de notre liberté servile-
ment se suffire.

Chimères, nous sommes montés au plateau.
Le silex frissonnait sous les sarments de l'espace;
La parole, lasse de défoncer, buvait au débarca-
dère angélique.
Nulle farouche survivance :
L'horizon des routes jusqu'à l'afflux de rosée,
L'intime dénouement de l'irréparable.

Voici le sable mort, voici le corps sauvé :
La Femme respire, l'Homme se tient debout.

ÉVADNÉ

L'été et notre vie étions d'un seul tenant
La campagne mangeait la couleur de ta jupe odo-
    rante
Avidité et contrainte s'étaient réconciliées
Le château de Maubec s'enfonçait dans l'argile
Bientôt s'effondrerait le roulis de sa lyre
La violence des plantes nous faisait vaciller
Un corbeau rameur sombre déviant de l'escadre
Sur le muet silex de midi écartelé
Accompagnait notre entente aux mouvements
    tendres
La faucille partout devait se reposer
Notre rareté commençait un règne
(Le vent insomnieux qui nous ride la paupière
En tournant chaque nuit la page consentie
Veut que chaque part de toi que je retienne
Soit étendue à un pays d'âge affamé et de larmier
    géant)

C'était au début d'adorables années
La terre nous aimait un peu je me souviens.

37

POST-SCRIPTUM

Écartez-vous de moi qui patiente sans bouche;
A vos pieds je suis né, mais vous m'avez perdu;
Mes feux ont trop précisé leur royaume;
Mon trésor a coulé contre votre billot.

Le désert comme asile au seul tison suave
Jamais ne m'a nommé, jamais ne m'a rendu.

Écartez-vous de moi qui patiente sans bouche :
Le trèfle de la passion est de fer dans ma main.

Dans la stupeur de l'air où s'ouvrent mes allées,
Le temps émondera peu à peu mon visage,
Comme un cheval sans fin dans un labour aigri.

FEUILLETS D'HYPNOS

(1943-1944)

EXTRAITS.

A Albert Camus.

[16]

L'intelligence avec l'ange, notre primordial souci.

(Ange, ce qui, à l'intérieur de l'homme, tient à l'écart du compromis religieux la parole du plus haut silence, la signification qui ne s'évalue pas. Accordeur de poumons qui dore les grappes vitaminées de l'impossible. Connaît le sang, ignore le céleste. Ange : la bougie qui se penche au nord du cœur.)

[28]

Il existe une sorte d'homme toujours en avance sur ses excréments.

[33]

Rouge-gorge, mon ami, qui arriviez quand le parc était désert, cet automne, votre chant fait s'ébouler des souvenirs que les ogres voudraient bien entendre.

[34]

Épouse et n'épouse pas ta maison.

[35]

Vous serez une part de la saveur du fruit.

[42]

Entre les deux coups de feu qui décidèrent de son destin, il eut le temps d'appeler une mouche : « Madame. »

[43]

Bouche qui décidiez si ceci était hymen ou deuil, poison ou breuvage, beauté ou maladie, que sont devenues l'amertume et son aurore la douceur ? Tête hideuse qui s'exaspère et se corrompt !

[44]

Amis, la neige attend la neige pour un travail simple et pur, à la limite de l'air et de la terre.

Je n'ai pas peur. J'ai seulement le vertige. Il me faut réduire la distance entre l'ennemi et moi. L'affronter *horizontalement*.

[50]

Face à tout, A TOUT CELA, un colt, promesse de soleil levant !

[58]

Parole, orage, glace et sang finiront par former un givre commun.

[59]

Si l'homme parfois ne fermait pas *souverainement* les yeux, il finirait par ne plus voir ce qui vaut d'être regardé.

[69]

Je vois l'homme perdu de perversions politiques, confondant action et expiation, nommant conquête son anéantissement.

L'alcool silencieux des démons.

Nuit, de toute la vitesse du boomerang taillé dans nos os, et qui siffle, siffle...

Agir en primitif et prévoir en stratège.

A en croire le sous-sol de l'herbe où chantait un couple de grillons cette nuit, la vie prénatale devait être très douce.

Solitaire et multiple. Veille et sommeil comme une épée dans son fourreau. Estomac aux aliments séparés. Altitude de cierge.

Ce qui importe le plus dans certaines situations c'est de maîtriser à temps l'euphorie.

Je remercie la chance qui a permis que les bra-
conniers de Provence se battent dans notre camp.
La mémoire sylvestre de ces primitifs, leur apti-
tude pour le calcul, leur flair aigu par tous les
temps, je serais surpris qu'une défaillance survînt
de ce côté. Je veillerai à ce qu'ils soient chaussés
comme des dieux!

Nous sommes des malades sidéraux incurables
auxquels la vie sataniquement donne l'illusion de
la santé. Pourquoi? Pour dépenser la vie et railler
la santé?

(Je dois combattre mon penchant pour ce genre
de pessimisme atonique, héritage intellectuel...)

L'acquiescement éclaire le visage. Le refus lui
donne la beauté.

Sobres amandiers, oliviers batailleurs et rêveurs,
sur l'éventail du crépuscule postez notre étrange
santé.

[83]

Le poète, conservateur des infinis visages du vivant.

[86]

Les plus pures récoltes sont semées dans un sol qui n'existe pas. Elles éliminent la gratitude et ne doivent qu'au printemps.

[88]

Comment m'entendez-vous? Je parle de si loin...

[90]

On donnait jadis un nom aux diverses tranches de la durée : ceci était un jour, ccla un mois, cette église vide, une année. Nous voici abordant la seconde où la mort est la plus violente et la vie la mieux définie.

[91]

Nous errons auprès de margelles dont on a soustrait les puits.

Tout ce qui a le visage de la colère et n'élève pas la voix.

Le combat de la persévérance.

La symphonie qui nous portait s'est tue. Il faut croire à l'alternance. Tant de mystères n'ont pas été pénétrés ni détruits.

Les ténèbres du Verbe m'engourdissent et m'immunisent. Je ne participe pas à l'agonie féerique. D'une sobriété de pierre, je demeure la mère de lointains berceaux.

Tu ne peux pas te relire mais tu peux signer.

L'avion déboule. Les pilotes invisibles se délestent de leur jardin nocturne puis pressent un feu bref sous l'aisselle de l'appareil pour avertir que c'est fini. Il ne reste plus qu'à rassembler le trésor éparpillé. De même le poète...

[100]

Nous devons surmonter notre rage et notre dégoût, nous devons les faire partager, afin d'élever et d'élargir notre action comme notre morale.

[101]

Imagination, mon enfant.

[102]

La mémoire est sans action sur le souvenir. Le souvenir est sans force contre la mémoire. Le bonheur ne *monte* plus.

[103]

Un mètre d'entrailles pour mesurer nos chances.

[104]

Les yeux seuls sont encore capables de pousser un cri.

Devoirs infernaux.

On ne fait pas un lit aux larmes comme à un visiteur de passage.

Le timbre de l'autorisation cosmique.
(Au plus étroit de ma nuit, que cette grâce me soit accordée, bouleversante et significative plus encore que ces signes perçus d'une telle hauteur qu'il n'est nul besoin de les conjecturer.)

Être le familier de ce qui ne se produira pas dans une religion, une insensée solitude, mais dans cette suite d'impasses sans *nourriture* où tend à se perdre le visage aimé.

Je pense à la femme que j'aime. Son visage soudain s'est masqué. Le vide est à son tour malade.

Vous tendez une allumette à votre lampe et ce
qui s'allume n'éclaire pas. C'est loin, très loin de
vous, que le cercle illumine.

[125]

Mettre en route l'intelligence sans le secours des
cartes d'état-major.

[128]

Le boulanger n'avait pas encore dégrafé les
rideaux de fer de sa boutique que déjà le village
était assiégé, bâillonné, hypnotisé, mis dans l'im-
possibilité de bouger. Deux compagnies de S. S.
et un détachement de miliciens le tenaient sous la
gueule de leurs mitrailleuses et de leurs mortiers.
Alors commença l'épreuve.

Les habitants furent jetés hors des maisons et
sommés de se rassembler sur la place centrale. Les
clés sur les portes. Un vieux, dur d'oreille, qui ne
tenait pas compte assez vite de l'ordre, vit les
quatre murs et le toit de sa grange voler en morceaux sous l'effet d'une bombe. Depuis quatre
heures j'étais éveillé. Marcelle était venue à mon
volet me chuchoter l'alerte. J'avais reconnu immédiatement l'inutilité d'essayer de franchir le cor-
don de surveillance et de gagner la campagne. Je

changeai rapidement de logis. La maison inhabitée où je me réfugiai autorisait, à toute extrémité, une résistance armée efficace. Je pouvais suivre de la fenêtre, derrière les rideaux jaunis, les allées et venues nerveuses des occupants. Pas un des miens n'était présent au village. Cette pensée me rassura. A quelques kilomètres de là, ils suivraient mes consignes et resteraient tapis. Des coups me parvenaient, ponctués d'injures. Les S. S. avaient surpris un jeune maçon qui revenait de relever des collets. Sa frayeur le désigna à leurs tortures. Une voix se penchait hurlante sur le corps tuméfié : « Où est-il ? Conduis-nous », suivie de silence. Et coups de pieds et coups de crosses de pleuvoir. Une rage insensée s'empara de moi, chassa mon angoisse. Mes mains communiquaient à mon arme leur sueur crispée, exaltaient sa puissance contenue. Je calculais que le malheureux se tairait encore cinq minutes, puis, fatalement, il *parlerait*. J'eus honte de souhaiter sa mort avant cette échéance. Alors apparut, jaillissant de chaque rue, la marée des femmes, des enfants, des vieillards, se rendant au lieu de rassemblement, suivant un *plan concerté*. Ils se hâtaient sans hâte, ruisselant littéralement sur les S. S., les paralysant « en toute bonne foi ». Le maçon fut laissé pour mort. Furieuse, la patrouille se fraya un chemin à travers la foule et porta ses pas plus loin. Avec une prudence infinie, maintenant, des yeux anxieux et bons regardaient dans ma direction, passaient comme un jet de lampe sur ma fenêtre. Je me découvris à moitié et un sourire se détacha de ma pâleur. Je tenais à ces êtres par mille fils confiants dont pas un ne devait se rompre.

J'ai aimé farouchement mes semblables cette journée-là, bien au delà du sacrifice [1].

[129]

Nous sommes pareils à ces crapauds qui, dans l'austère nuit des marais, s'appellent et ne se voient pas, ployant à leur cri d'amour toute la fatalité de l'univers.

[130]

J'ai confectionné avec des déchets de montagnes des hommes qui embaumeront quelque temps les glaciers.

[131]

A tous les repas pris en commun, nous invitons la liberté à s'asseoir. La place demeure vide mais le couvert reste mis.

[135]

Il ne faudrait pas aimer les hommes pour leur être d'un réel secours. Seulement désirer rendre meilleure telle expression de leur regard lorsqu'il

1. N'était-ce pas le hasard qui m'avait choisi pour prince ce jour-là plutôt que le cœur mûri pour moi de ce village? (1945.)

se pose sur plus appauvri qu'eux, prolonger d'une seconde telle minute agréable de leur vie. A partir de cette démarche et chaque racine traitée, leur respiration se ferait plus sereine. Surtout ne pas entièrement leur supprimer ces sentiers pénibles, à l'effort desquels succède l'évidence de la vérité à travers pleurs et fruits.

[138]

Horrible journée! J'ai assisté, distant de quelques cent mètres, à l'exécution de B. Je n'avais qu'à presser sur la gâchette du fusil-mitrailleur et il pouvait être sauvé! Nous étions sur les hauteurs dominant Céreste, des armes à faire craquer les buissons et au moins égaux en nombre aux S. S. Eux ignorant que nous étions là. Aux yeux qui imploraient partout autour de moi le signal d'ouvrir le feu, j'ai répondu non de la tête... Le soleil de juin glissait un froid polaire dans mes os.

Il est tombé comme s'il ne distinguait pas ses bourreaux et si léger, il m'a semblé, que le moindre souffle de vent eût dû le soulever de terre.

Je n'ai pas donné le signal parce que ce village devait être épargné à *tout prix*. Qu'est-ce qu'un village? Un village pareil à un autre? Peut-être l'a-t-il su, lui, à cet ultime instant?

[141]

La contre-terreur c'est ce vallon que peu à peu le brouillard comble, c'est le fugace bruissement des feuilles comme un essaim de fusées engourdies, c'est cette pesanteur bien répartie, c'est cette circulation ouatée d'animaux et d'insectes tirant mille traits sur l'écorce tendre de la nuit, c'est cette graine de luzerne sur la fossette d'un visage caressé, c'est cet incendie de la lune qui ne sera jamais un incendie, c'est un lendemain minuscule dont les intentions nous sont inconnues, c'est un buste aux couleurs vives qui s'est plié en souriant, c'est l'ombre, à quelques pas, d'un bref compagnon accroupi qui pense que le cuir de sa ceinture va céder... Qu'importent alors l'heure et le lieu où le diable nous a fixé rendez-vous!

[143]

Ève-des-Montagnes. Cette jeune femme dont la vie insécable avait l'exacte dimension du cœur de notre nuit.

[145]

Du bonheur qui n'est que de l'anxiété différée. Du bonheur bleuté, d'une insubordination admirable, qui s'élance du plaisir, pulvérise le présent et toutes ses instances.

[146]

Roger était tout heureux d'être devenu dans l'estime de sa jeune femme le mari-qui-cachait-dieu.

Je suis passé aujourd'hui au bord du champ de tournesols dont la vue l'inspirait. La sécheresse courbait la tête des admirables, des insipides fleurs. C'est à quelques pas de là que son sang a coulé, au pied d'un vieux mûrier, sourd de toute l'épaisseur de son écorce.

[150]

C'est un étrange sentiment que celui de fixer le destin de certains êtres. Sans votre intervention, la médiocre table tournante de la vie n'aurait pas autrement regimbé. Tandis que les voici livrés à la grande conjoncture pathétique...

. [152]

Le silence du matin. L'appréhension des couleurs. La *chance* de l'épervier.

[154]

Le poète, susceptible d'exagération, évalue correctement dans le supplice.

[159]

Une si étroite affinité existe entre le coucou et les êtres furtifs que nous sommes devenus, que cet oiseau si peu visible, ou qui revêt un grisâtre anonymat lorsqu'il traverse la vue, en écho à son chant écartelant, nous arrache un long frisson.

[162]

Voici l'époque où le poète sent se dresser en lui cette méridienne force d'*ascension*.

[163]

Chante ta soif irisée.

[165]

Le fruit est aveugle. C'est l'arbre qui voit.

[169]

La lucidité est la blessure la plus rapprochée du soleil.

[173]

Il en va de certaines femmes comme des vagues de la mer. En s'élançant de toute leur jeunesse, elles franchissent un rocher trop élevé pour leur retour. Cette flaque désormais croupira là, prisonnière, belle par éclair, à cause des cristaux de sel qu'elle renferme et qui, lentement, se substituent à son vivant.

La perte de la vérité, l'oppression de cette ignominie dirigée qui s'intitule *bien* (le mal, non dépravé, inspiré, fantasque est utile) a ouvert une plaie au flanc de l'homme que seul l'espoir du grand lointain informulé (le vivant inespéré) atténue. Si l'absurde est maître ici-bas, je choisis l'absurde, l'antistatique, celui qui me rapproche le plus des chances pathétiques. Je suis homme de berges — creusement et inflammation — ne pouvant l'être toujours de torrent.

Le peuple des prés m'enchante. Sa beauté frêle et dépourvue de venin, je ne me lasse pas de me la réciter. Le campagnol, la taupe, sombres enfants perdus dans la chimère de l'herbe, l'orvet, fils du verre, le grillon, moutonnier comme pas un, la sauterelle qui claque et compte son linge, le papillon qui simule l'ivresse et agace les fleurs de ses hoquets silencieux, les fourmis assagies par la grande étendue verte, et, immédiatement au-dessus les météores hirondelles...

Prairie, vous êtes le boîtier du jour.

[176]

Depuis le baiser dans la montagne, le temps se guide sur l'été doré de ses mains et le lierre oblique.

[177]

Les enfants réalisent ce miracle adorable de demeurer des enfants et de voir par nos yeux.

[178]

La reproduction en couleurs du *Prisonnier* de Georges de La Tour, que j'ai piquée sur le mur de chaux de la pièce où je travaille, semble, avec le temps, réfléchir son sens dans notre condition. Elle serre le cœur mais combien désaltère! Depuis deux ans, pas un réfractaire qui n'ait, passant la porte, brûlé ses yeux aux preuves de cette chandelle. La femme explique, l'emmuré écoute. Les mots qui tombent de cette terrestre silhouette d'ange rouge sont des mots essentiels, des mots qui portent immédiatement secours. Au fond du cachot, les minutes de suif de la clarté tirent et diluent les traits de l'homme assis. Sa maigreur d'ortie sèche, je ne vois pas un souvenir pour la faire frissonner. L'écuelle est une ruine. Mais la robe gonflée emplit soudain tout le cachot. Le Verbe de la femme donne naissance à l'inespéré mieux que n'importe quelle aurore.

Reconnaissance à Georges de La Tour qui maî-trisa les ténèbres hitlériennes avec un dialogue d'êtres humains.

[179]

Venez à nous qui chancelons d'insolation, sœur sans mépris, ô nuit!

[180]

C'est l'heure où les fenêtres s'échappent des maisons pour s'allumer au bout du monde où va poindre notre monde.

[184]

Guérir le pain. Attabler le vin.

[186]

Sommes-nous voués à n'être que des débuts de vérité?

[187]

L'action qui a un sens pour les vivants n'a de valeur que pour les morts, d'achèvement que dans les consciences qui en héritent et la questionnent.

Combien confondent révolte et humeur, filiation et inflorescence du sentiment. Mais aussitôt que la vérité trouve un ennemi à sa taille, elle dépose l'armure de l'ubiquité et se bat avec les ressources mêmes de sa condition. Elle est indicible la sensation de cette profondeur qui se volatilise en se concrétisant.

Inexorable étrangeté! D'une vie mal défendue, rouler jusqu'aux dés vifs du bonheur.

L'heure la plus droite c'est lorsque l'amande jaillit de sa rétive dureté et transpose ta solitude.

Je vois l'espoir, veine d'un fluvial lendemain, décliner dans le geste des êtres qui m'entourent. Les visages que j'aime dépérissent dans les mailles d'une attente qui les ronge comme un acide. Ah, que nous sommes peu aidés et mal encouragés! La mer et son rivage, ce pas visible, sont un tout scellé par l'ennemi, gisant au fond de la même pensée, moule d'une matière où entrent, à part égale, la rumeur du désespoir et la certitude de résurrection.

[193]

L'insensibilité de notre sommeil est si complète que le galop du moindre rêve ne parvient pas à le traverser, à le rafraîchir. Les chances de la mort sont submergées par une inondation d'absolu telle qu'y penser suffit à faire perdre la tentation de la vie qu'on appelle, qu'on supplie. Il faut beaucoup nous aimer, cette fois encore, respirer plus fort que le poumon du bourreau.

[195]

Si j'en réchappe, je sais que je devrai rompre avec l'arôme de ces années essentielles, rejeter (non refouler) silencieusement loin de moi mon trésor, me reconduire jusqu'au principe du comportement le plus indigent comme au temps où je me cherchais sans jamais accéder à la prouesse, dans une insatisfaction nue, une connaissance à peine entrevue et une humilité questionneuse.

[197]

Être du bond. N'être pas du festin, son épilogue.

[200]

C'est quand tu es ivre de chagrin que tu n'as plus du chagrin que le cristal.

[201]

Le chemin du secret danse à la chaleur.

[202]

La présence du désir comme celle du dieu ignore le philosophe. En revanche le philosophe châtie.

[203]

J'ai vécu aujourd'hui la minute du pouvoir et de l'invulnérabilité absolus. J'étais une ruche qui s'envolait aux sources de l'altitude avec tout son miel et toutes ses abeilles.

[204]

O vérité, infante mécanique, reste terre et murmure au milieu des astres impersonnels!

[206]

Toutes les feintes auxquelles les circonstances me contraignent allongent mon innocence. Une main gigantesque me porte sur sa paume. Chacune de ses lignes qualifie ma conduite. Et je demeure là comme une plante dans son sol bien que ma saison soit de nulle part.

[213]

J'ai, ce matin, suivi des yeux Florence qui retournait au moulin du Calavon. Le sentier volait autour d'elle : un parterre de souris se chamaillant! Le dos chaste et les longues jambes n'arrivaient pas à se rapetisser dans mon regard. La gorge de jujube s'attardait au bord de mes dents. Jusqu'à ce que la verdure, à un tournant, me le dérobât, je repassai, m'émouvant à chaque note, son admirable corps musicien, inconnu du mien.

[214]

Je n'ai pas vu d'étoile s'allumer au front de ceux qui allaient mourir mais le dessin d'une persienne qui, soulevée, permettait d'entrevoir un ordre d'objets déchirants ou résignés, dans un vaste local où des servantes heureuses circulaient.

[215]

Têtes aux sèves poisseuses survenues, on ne sait trop pourquoi, dans notre hiver, et figées là, depuis. Un futur souillé s'inscrit dans leurs lignes. Tel ce Dubois que sa graisse spartiate de mouchard entérine et perpétue. Justes du ciel et balle perdue accordez-lui les palmes de votre humour...

[216]

Il n'est plus question que le berger soit guide. Ainsi en décide le politique, ce nouveau fermier général.

[218]

Dans ton corps conscient, la réalité est en avance de quelques minutes d'imagination. Ce temps jamais rattrapé est un gouffre étranger aux actes de ce monde. Il n'est jamais une ombre simple malgré son odeur de clémence nocturne, de survie religieuse, d'enfance incorruptible.

[219]

Brusquement tu te souviens que tu as un visage. Les traits qui en formaient le modelé n'étaient pas tous des traits chagrins, jadis. Vers ce multiple paysage se levaient des êtres doués de bonté. La fatigue n'y charmait pas que des naufrages. La solitude des amants y respirait. Regarde. Ton miroir s'est changé en feu. Insensiblement tu reprends conscience de ton âge (qui avait sauté du calendrier), de ce surcroît d'existence dont tes efforts vont faire un pont. Recule à l'intérieur du miroir.

Si tu n'en consumes pas l'austérité du moins la fertilité n'en est pas tarie.

[221]

La carte du soir.

Une fois de plus l'an nouveau mélange nos yeux
De hautes herbes veillent qui n'ont d'amour
    qu'avec le feu et la prison mordue
Après seront les cendres du vainqueur
Et le conte du mal
Seront les cendres de l'amour
L'églantier au glas survivant
Seront tes cendres
Celles imaginaires de ta vie immobile sur son cône
    d'ombre.

[222]

Ma renarde, pose ta tête sur mes genoux. Je ne suis pas heureux et pourtant tu suffis. Bougeoir ou météore, il n'est plus de cœur gros ni d'avenir sur terre. Les marches du crépuscule révèlent ton murmure, gîte de menthe et de romarin, confidence échangée entre les rousseurs de l'automne et ta robe légère. Tu es l'âme de la montagne aux flancs profonds, aux roches tues derrière des lèvres d'argile. Que les ailes de ton nez frémissent. Que ta main ferme le sentier et rapproche le rideau des arbres. Ma renarde, en présence des deux astres, le gel et le vent, je place en toi toutes les espérances

éboulées, pour un chardon victorieux de la rapace
solitude.

[223]

Vie qui ne peut ni ne veut plier sa voile, vie que
les vents ramènent fourbue à la glu du rivage,
toujours prête cependant à s'élancer par-dessus
l'hébétude, vie de moins en moins *garnie*, de moins
en moins patiente, désigne-moi ma part si tant est
qu'elle existe, ma part justifiée dans le destin
commun au centre duquel ma singularité fait tache
mais retient l'amalgame.

[227]

L'homme est capable de faire ce qu'il est inca-
pable d'imaginer. Sa tête sillonne la galaxie de
l'absurde.

[228]

Pour qui œuvrent les martyrs? La grandeur
réside dans le départ qui oblige. Les êtres exemplaires sont de vapeur et de vent.

[229]

La couleur noire renferme l'*impossible* vivant.
Son champ mental est le siège de tous les inatten-

dus, de tous les paroxysmes. Son prestige escorte les poètes et prépare les hommes d'action.

[230]

Toute la vertu du ciel d'Août, de notre angoisse confidente, dans la voix d'or du météore.

[231]

Peu de jours avant son supplice, Roger Chaudon me disait : « Sur cette terre, on est un peu dessus, beaucoup dessous. L'ordre des époques ne peut être inversé. C'est, au fond, ce qui me tranquillise, malgré la joie de vivre qui me secoue comme un tonnerre... »

[232]

L'exceptionnel ne grise ni n'apitoie son meurtrier. Celui-là, hélas! a les yeux qu'il faut pour tuer.

[234]

Paupières aux portes d'un bonheur fluide comme la chair d'un coquillage, paupières que l'œil en furie ne peut faire chavirer, paupières, combien suffisantes!

L'angoisse, squelette et cœur, cité et forêt, ordure et magie, intègre désert, illusoirement vaincue, victorieuse, muette, maîtresse de la parole, femme de tout homme, ensemble, et Homme.

[237]

Dans nos ténèbres, il n'y a pas une place pour la Beauté. Toute la place est pour la Beauté.

LA ROSE DE CHÊNE.

Chacune des lettres qui compose ton nom, ô Beauté, au tableau d'honneur des supplices, épouse la plane simplicité du soleil, s'inscrit dans la phrase géante qui barre le ciel, et s'associe à l'homme acharné à tromper son destin avec son contraire indomptable : l'espérance.

LES TROIS SŒURS

Mon amour à la robe de phare bleu,
je baise la fièvre de ton visage
où couche la lumière qui jouit en secret.

J'aime et je sanglote. Je suis vivant
et c'est ton cœur cette Étoile du Matin
a la durée victorieuse qui rougit avant
de rompre le combat des Constellations.

Hors de toi, que ma chair devienne la voile
qui répugne au vent.

I

Dans l'urne des temps secondaires
L'enfant à naître était de craie.
La marche fourchue des saisons
Abritait d'herbe l'inconnu.

67

La connaissance divisible
Pressait d'averses le printemps.
Un aromate de pays
Prolongeait la fleur apparue.

Communication qu'on outrage,
Écorce ou givre déposés;
L'air investit, le sang attise;
L'œil fait mystère du baiser.

Donnant vie à la route ouverte,
Le tourbillon vint aux genoux;
Et cet élan, le lit des larmes
S'en emplit d'un seul battement.

II

La seconde crie et s'évade
De l'abeille ambiante et du tilleul vermeil.
Elle est un jour de vent perpétuel,
Le dé bleu du combat, le guetteur qui sourit
Quand sa lyre profère : « Ce que je veux, sera. »

C'est l'heure de se taire,
De devenir la tour
Que l'avenir convoite.

Le chasseur de soi fuit sa maison fragile :
Son gibier le suit n'ayant plus peur.

Leur clarté est si haute, leur santé si nouvelle,
Que ces deux qui s'en vont sans rien signifier
Ne sentent pas les sœurs les ramener à elles
D'un long bâillon de cendre aux forêts blanches.

III

Cet enfant sur ton épaule
Est ta chance et ton fardeau.
Terre en quoi l'orchidée brûle,
Ne le fatiguez pas de vous.

Restez fleur et frontière,
Restez manne et serpent;
Ce que la chimère accumule
Bientôt délaisse le refuge.

Meurent les yeux singuliers
Et la parole qui découvre.
La plaie qui rampe au miroir
Est maîtresse des deux bouges.

Violente l'épaule s'entrouvre;
Muet apparaît le volcan.
Terre sur quoi l'olivier brille,
Tout s'évanouit en passage.

BIENS ÉGAUX

Je suis épris de ce morceau tendre de campagne, de son accoudoir de solitude au bord duquel les orages viennent se dénouer avec docilité, au mât duquel un visage perdu, par instant s'éclaire et me regagne. De si loin que je me souvienne, je me distingue penché sur les végétaux du jardin désordonné de mon père, attentif aux sèves, baisant des yeux formes et couleurs que le vent semi-nocturne irriguait mieux que la main infirme des hommes. Prestige d'un retour qu'aucune fortune n'offusque. Tribunaux de midi, je veille. Moi qui jouis du privilège de sentir tout ensemble accablement et confiance, défection et courage, je n'ai retenu personne sinon l'angle fusant d'une Rencontre.

Sur une route de lavande et de vin, nous avons marché côte à côte dans un cadre enfantin de poussière à gosier de ronces, l'un se sachant aimé de l'autre. Ce n'est pas un homme à tête de fable que plus tard tu baisais derrière les brumes de ton lit constant. Te voici nue et entre toutes la meilleure seulement aujourd'hui où tu franchis la sortie d'un hymne raboteux. L'espace pour toujours est-il cet absolu et scintillant congé, chétive volte-face ? Mais prédisant cela, j'affirme que tu vis ; le sillon s'éclaire entre ton bien et mon mal. La chaleur reviendra avec le silence comme je te soulèverai, Inanimée.

DONNERBACH MUHLE

Hiver 1939.

Novembre de brumes, entends sous le bois la cloche du dernier sentier franchir le soir et disparaître, le vœu lointain du vent séparer le retour dans les fers de l'absence qui passe.

Saison d'animaux pacifiques, de filles sans méchanceté, vous détenez des pouvoirs que mon pouvoir contredit; vous avez les yeux de mon nom, ce nom qu'on me demande d'oublier.

Glas d'un monde trop aimé, j'entends les monstres qui piétinent sur une terre sans sourire. Ma sœur vermeille est en sueur. Ma sœur furieuse appelle aux armes.

La lune du lac prend pied sur la plage où le doux feu végétal de l'été descend à la vague qui l'entraîne vers un lit de profondes cendres.

Tracée par le canon,
— vivre, limite immense —
la maison dans la forêt s'est allumée :
Tonnerre, ruisseau, moulin.

HYMNE A VOIX BASSE

L'Hellade, c'est le rivage déployé d'une mer géniale d'où s'élancèrent à l'aurore le souffle de la connaissance et le magnétisme de l'intelligence, gonflant d'égale fertilité des pouvoirs qui semblèrent perpétuels; c'est plus loin, une mappemonde d'étranges montagnes : une chaîne de volcans sourit à la magie des héros, à la tendresse serpentine des déesses, guide le vol nuptial de l'homme, libre enfin de se savoir et de périr oiseau; c'est la réponse à tout, même à l'usure de la naissance, même aux détours du labyrinthe. Mais ce sol massif fait du diamant de la lumière et de la neige, cette terre imputrescible sous les pieds de son peuple victorieux de la mort mais mortel par évidence de pureté, une raison étrangère tente de châtier sa perfection, croit couvrir le balbutiement de ses épis.

O Grèce, miroir et corps trois fois martyrs, t'imaginer c'est te rétablir. Tes guérisseurs sont dans ton peuple et ta santé est dans ton droit. Ton sang incalculable, je l'appelle, le seul vivant pour qui la liberté a cessé d'être maladive, qui me brise la bouche, lui du silence et moi du cri.

J'HABITE UNE DOULEUR

Ne laisse pas le soin de gouverner ton cœur à ces tendresses parentes de l'automne auquel elles empruntent sa placide allure et son affable agonie. L'œil est précoce à se plisser. La souffrance connaît peu de mots. Préfère te coucher sans fardeau : tu rêveras du lendemain et ton lit te sera léger. Tu rêveras que ta maison n'a plus de vitres. Tu es impatient de t'unir au vent, au vent qui parcourt une année en une nuit. D'autres chanteront l'incorporation mélodieuse, les chairs qui ne personnifient plus que la sorcellerie du sablier. Tu condamneras la gratitude qui se répète. Plus tard, on t'identifiera à quelque géant désagrégé, seigneur de l'impossible.

Pourtant.

Tu n'as fait qu'augmenter le poids de ta nuit. Tu es retourné à la pêche aux murailles, à la canicule sans été. Tu es furieux contre ton amour au centre d'une entente qui s'affole. Songe à la maison parfaite que tu ne verras jamais monter. A quand la récolte de l'abîme? Mais tu as crevé les yeux du lion. Tu crois voir passer la beauté au-dessus des lavandes noires...

Qu'est-ce qui t'a hissé, une fois encore, un peu plus haut, sans te convaincre?

Il n'y a pas de siège pur.

L'EXTRAVAGANT

Il ne déplaçait pas d'ombre en avançant, traduisant une audace tôt consumée, bien que son pas fût assez vulgaire. Ceux qui, aux premières heures de la nuit, ratent leur lit et le perdent ensuite de vue jusqu'au lendemain, peuvent être tentés par les similitudes. Ils cherchent à s'extraire de quelques pierres trop sages, trop chaudes, veulent se délivrer de l'emprise des cristaux à prétention fabuleuse, que la morne démarche du quotidien sécrète, aux lieux de son choix, avec des attouchements de suaire. Tel n'était pas ce marcheur que le voile du paysage lunaire, très bas, semblait ne pas gêner dans son mouvement. Le gel furieux effleurait la surface de son front sans paraître *personnel*. Une route qui s'allonge, un sentier qui dévie sont conformes à l'élan de la pensée qui fredonne. Par la nuit d'hiver fantastiquement propre parce qu'elle était commune à la généralité des habitants de l'univers qui ne la pénétraient pas, le dernier comédien n'allait plus exister. Il avait perdu tout lien avec le volume ancien des sources propices aux interrogations, avec les corps heureux qu'il s'était plu à animer auprès du sien lorsqu'il pouvait encore assigner une cime à son plaisir, une neige à son talent. Aujourd'hui, il rompait avec la tristesse devenue un objet aguerri, avec la frayeur du convenu. La terre avait faussé sa persuasion, la terre, de sa vitesse un peu courte, avec son imagination safranée, son usure crevassée par les actes des monstres. Personne n'aurait à l'oublier car l'utile ne l'avait pas assisté, ne l'avait pas dessiné en entier au regard des autres. Sur le plafond de chaux blanche de sa chambre, quelques oiseaux étaient passés mais leur éclair avait fondu dans son sommeil.

Le voile du paysage lunaire maintenant très haut déploie ses couleurs aromatiques au-dessus du personnage que je dis. Il sort éclairé du froid et tourne à jamais le dos au printemps qui n'existe pas.

SEUIL

Quand s'ébranla le barrage de l'homme, aspiré par la faille géante de l'abandon du divin, des mots dans le lointain, des mots qui ne voulaient pas se perdre, tentèrent de résister à l'exorbitante poussée. Là, se décida la dynastie de leur sens.

J'ai couru jusqu'à l'issue de cette nuit diluvienne. Planté dans le flageolant petit jour, ma ceinture pleine de saisons, je vous attends, ô mes amis qui allez venir. Déjà je vous devine derrière la noirceur de l'horizon. Mon âtre ne tarit pas de vœux pour vos maisons. Et mon bâton de cyprès rit de tout son cœur pour vous.

LE REQUIN ET LA MOUETTE

Je vois enfin la mer dans sa triple harmonie, la mer qui tranche de son croissant la dynastie des douleurs absurdes, la grande volière sauvage, la mer crédule comme un liseron.

Quand je dis : *j'ai levé la loi, j'ai franchi la morale, j'ai maillé le cœur*, ce n'est pas pour me donner raison devant ce pèse-néant dont la rumeur étend sa palme au delà de ma persuasion. Mais rien de ce qui m'a vu vivre et agir jusqu'ici n'est témoin alentour. Mon épaule peut bien sommeiller, ma jeunesse accourir. C'est de cela seul qu'il faut tirer richesse immédiate et opérante. Ainsi, il y a un jour de pur dans l'année, un jour qui creuse sa galerie merveilleuse dans l'écume de la mer, un jour qui monte aux yeux pour couronner midi. Hier la noblesse était déserte, le rameau était distant de ses bourgeons. Le requin et la mouette ne communiquaient pas.

O Vous, arc-en-ciel de ce rivage polisseur, approchez le navire de son espérance. Faites que toute fin supposée soit une neuve innocence, un fiévreux en avant pour ceux qui trébuchent dans la matinale lourdeur.

LE BULLETIN DES BAUX

Ta dictée n'a ni avènement ni fin. Souchetée seulement d'absences, de volets arrachés, de pures inactions.

Juxtapose à la fatalité la résistance à la fatalité. Tu connaîtras d'étranges hauteurs.

La beauté naît du dialogue, de la rupture du silence et du regain de ce silence. Cette pierre qui t'appelle dans son passé est libre. Cela se lit aux lignes de sa bouche.

La durée que ton cœur réclame existe ici en dehors de toi.

Oui et non, heure après heure, se réconcilient dans la superstition de l'histoire. La nuit et la chaleur, le ciel et la verdure se rendent invisibles pour être mieux sentis.

Les ruines douées d'avenir, les ruines incohérentes avant que tu n'arrives, homme comblé, vont de leurs parcelles à ton amour. Ainsi se voit promise et retirée à ton irritable maladresse la rose qui ferme le royaume.

La graduelle présence du soleil désaltère la tragédie. Ah! n'appréhende pas de renverser ta jeunesse.

JACQUEMARD ET JULIA

Jadis l'herbe, à l'heure où les routes de la terre s'accordaient dans leur déclin, élevait tendrement ses tiges et allumait ses clartés. Les cavaliers du jour naissaient au regard de leur amour et les châteaux de leurs bien-aimées comptaient autant de fenêtres que l'abîme porte d'orages légers.

Jadis l'herbe connaissait mille devises qui ne se contrariaient pas. Elle était la providence des visages baignés de larmes. Elle incantait les animaux, donnait asile à l'erreur. Son étendue était comparable au ciel qui a vaincu la peur du temps et allégi la douleur.

Jadis l'herbe était bonne aux fous et hostile au bourreau. Elle convolait avec le seuil de toujours. Les jeux qu'elle inventait avaient des ailes à leur sourire (jeux absous et également fugitifs). Elle n'était dure pour aucun de ceux qui, perdant leur chemin, souhaitent le perdre à jamais.

Jadis l'herbe avait établi que la nuit vaut moins que son pouvoir, que les sources ne compliquent pas à plaisir leur parcours, que la graine qui s'agenouille est déjà à demi dans le bec de l'oiseau.

Jadis, terre et ciel se haïssaient mais terre et ciel vivaient.

L'inextinguible sécheresse s'écoule. L'homme est un étranger pour l'aurore. Cependant à la poursuite de la vie qui ne peut être encore imaginée, il y a des volontés qui frémissent, des murmures qui vont s'affronter et des enfants sains et saufs qui *découvrent*.

MARTHE

Marthe que ces vieux murs ne peuvent pas s'approprier, fontaine où se mire ma monarchie solitaire, comment pourrais-je jamais vous oublier puisque je n'ai pas à me souvenir de vous : vous êtes le présent qui s'accumule. Nous nous unirons sans avoir à nous aborder, à nous prévoir comme deux pavots font en amour une anémone géante.

Je n'entrerai pas dans votre cœur pour limiter sa mémoire. Je ne retiendrai pas votre bouche pour l'empêcher de s'entrouvrir sur le bleu de l'air et la soif de partir. Je veux être pour vous la liberté et le vent de la vie qui passe le seuil de toujours avant que la nuit ne devienne introuvable.

SUZERAIN

Nous commencons toujours notre vie sur un crépuscule admirable. Tout ce qui nous aidera, plus
tard, à nous dégager de nos déconvenues s'assemble autour de nos premiers pas.

La conduite des hommes de mon enfance avait
l'apparence d'un sourire du ciel adressé à la charité terrestre. On y saluait le mal comme une incar-
tade du soir. Le passage d'un météore attendris-
sait. Je me rends compte que l'enfant que je fus,
prompt à s'éprendre comme à se blesser, a eu
beaucoup de chance. J'ai marché sur le miroir
d'une rivière pleine d'anneaux de couleuvre et de
danses de papillons. J'ai joué dans des vergers dont
la robuste vieillesse donnait des fruits. Je me suis
tapi dans des roseaux, sous la garde d'êtres forts
comme des chênes et sensibles comme des oiseaux.

Ce monde net est mort sans laisser de charnier.
Il n'est plus resté que souches calcinées, surfaces
errantes, informe pugilat, et l'eau bleue d'un puits
minuscule veillée par cet Ami silencieux.

La connaissance eut tôt fait de grandir entre
nous. *Ceci n'est plus*, avais-je coutume de dire. *Ceci*

n'est pas, corrigeait-il. *Pas* et *plus* étaient disjoints. Il m'offrait, à la gueule d'un serpent qui souriait, mon impossible que je pénétrais sans souffrir. D'où venait cet Ami? Sans doute, du moins sombre, du moins ouvrier des soleils. Son énergie que je jugeais grande éclatait en fougères patientes, humidité pour mon espoir. Ce dernier, en vérité, n'était qu'une neige de l'existence, l'affinité du renouveau. Un butin s'amoncelait, dessinant le littoral cruel que j'aurais un jour à parcourir. Le cœur de mon Ami m'entrait dans le cœur comme un trident, cœur souverain égaillé dans des conquêtes bientôt réduites en cendres, pour marquer combien la tentation se déprime chez qui s'établit, se rend. Nos confidences ne construiraient pas d'église; le mutisme reconduisait tous nos pouvoirs.

Il m'apprit à voler au-dessus de la nuit des mots, loin de l'hébétude des navires à l'ancre. Ce n'est pas le glacier qui nous importe mais ce qui le fait possible indéfiniment, sa solitaire vraisemblance. Je nouai avec des haines enthousiastes que j'aidai à vaincre puis quittai. (Il suffit de fermer les yeux pour ne plus être reconnu.) Je retirai aux choses l'illusion qu'elles produisent pour se préserver de nous et leur laissai la part qu'elles nous concèdent. Je vis qu'il n'y aurait jamais de femme pour moi dans MA ville. La frénésie des cascades, symboliquement, acquitterait mon bon vouloir.

J'ai remonté ainsi l'âge de la solitude jusqu'à la demeure suivante de L'HOMME VIOLET. Mais il ne disposait là que du morose état civil de ses prisons, de son expérience muette de persécuté, et nous n'avions, nous, que son signalement d'évadé.

AFFRES, DÉTONATION, SILENCE

Le moulin du Calavon. Deux années durant, une ferme de cigales, un château de martinets. Ici tout parlait torrent, tantôt par le rire, tantôt par les poings de la jeunesse. Aujourd'hui, le vieux réfractaire faiblit au milieu de ses pierres, la plupart mortes de gel, de solitude et de chaleur. A leur tour les présages se sont assoupis dans le silence des fleurs.

Roger Bernard : l'horizon des monstres était trop proche de sa terre.

Ne cherchez pas dans la montagne; mais si, à quelques kilomètres de là, dans les gorges d'Oppedette, vous rencontrez la foudre au visage d'écolier, allez à elle, oh, allez à elle et souriez-lui car elle doit avoir faim, faim d'amitié.

A LA SANTÉ DU SERPENT

I

Je chante la chaleur à visage de nouveau-né, la chaleur désespérée.

II

Au tour du pain de rompre l'homme, d'être la beauté du point du jour.

III

Celui qui se fie au tournesol ne méditera pas dans la maison. Toutes les pensées de l'amour deviendront ses pensées.

IV

Dans la boucle de l'hirondelle un orage s'informe, un jardin se construit.

V

Il y aura toujours une goutte d'eau pour durer plus que le soleil sans que l'ascendant du soleil soit ébranlé.

VI

Produis ce que la connaissance veut garder secret, la connaissance aux cent passages.

VII

Ce qui vient au monde pour ne rien troubler ne mérite ni égards ni patience.

VIII

Combien durera ce manque de l'homme mourant au centre de la création parce que la création l'a congédié ?

IX

Chaque maison était une saison. La ville ainsi se répétait. Tous les habitants ensemble ne connaissaient que l'hiver, malgré leur chair réchauffée, malgré le jour qui ne s'en allait pas.

Tu es dans ton essence constamment poète, constamment au zénith de ton amour, constamment avide de vérité et de justice. C'est sans doute un mal nécessaire que tu ne puisses l'être assidûment dans ta conscience.

Tu feras de l'âme qui n'existe pas un homme meilleur qu'elle.

Regarde l'image téméraire où se baigne ton pays, ce plaisir qui t'a longtemps fui.

Nombreux sont ceux qui attendent que l'écueil les soulève, que le but les franchisse, pour se définir.

Remercie celui qui ne prend pas souci de ton remords. Tu es son égal.

XV

Les larmes méprisent leur confident.

XVI

Il reste une profondeur mesurable là où le sable subjugue la destinée.

XVII

Mon amour, peu importe que je sois né : tu deviens visible à la place où je disparais.

XVIII

Pouvoir marcher, sans tromper l'oiseau, du cœur de l'arbre à l'extase du fruit.

XIX

Ce qui t'accueille à travers le plaisir n'est que la gratitude mercenaire du souvenir. La présence que tu as choisie ne délivre pas d'adieu.

XX

Ne te courbe que pour aimer. Si tu meurs, tu aimes encore.

XXI

Les ténèbres que tu t'infuses sont régies par la luxure de ton ascendant solaire.

XXII

Néglige ceux aux yeux de qui l'homme passe pour n'être qu'une étape de la couleur sur le dos tourmenté de la terre. Qu'ils dévident leur longue remontrance. L'encre du tisonnier et la rougeur du nuage ne font qu'un.

XXIII

Il n'est pas digne du poète de mystifier l'agneau, d'investir sa laine.

XXIV

Si nous habitons un éclair, il est le cœur de l'éternel.

XXV

Yeux qui, croyant inventer le jour, avez éveillé le vent, que puis-je pour vous ? Je suis l'oubli.

XXVI

La poésie est de toutes les eaux claires celle qui s'attarde le moins aux reflets de ses ponts.

Poésie, la vie future à l'intérieur de l'homme requalifié.

XXVII

Une rose pour qu'il pleuve. Au terme d'innombrables années, c'est ton souhait.

CHANSON DU VELOURS A COTES

Le jour disait : « Tout ce qui peine m'accompagne, s'attache à moi, se veut heureux. Témoins de ma comédie retenez mon pied joyeux. J'appréhende midi et sa flèche méritée. Il n'est de grâce à quérir pour prévaloir à ses yeux. Si ma disparition sonne votre élargissement, les eaux froides de l'été ne me recevront que mieux. »

La nuit disait : « Ceux qui m'offensent meurent jeunes. Comment ne pas les aimer ? Prairie de tous mes instants, ils ne peuvent me fouler. Leur voyage est mon voyage et je reste obscurité. »

Il était entre les deux un mal qui les déchirait. Le vent allait de l'un à l'autre ; le vent ou rien, les pans de la rude étoffe et l'avalanche des montagnes, ou rien.

LYRE

Lyre sans bornes des poussières,
Surcroît de notre cœur.

SUR LA NAPPE D'UN ÉTANG GLACÉ

Je t'aime,
 Hiver aux graines belliqueuses.
Maintenant ton image luit
Là où son cœur s'est penché.

MADELEINE A LA VEILLEUSE
PAR GEORGES DE LA TOUR

Je voudrais aujourd'hui que l'herbe fût blanche pour fouler l'évidence de vous voir souffrir : je ne regarderais pas sous votre main si jeune la forme dure, sans crépi de la mort. Un jour discrétionnaire, d'autres pourtant moins avides que moi, retireront votre chemise de toile, occuperont votre alcôve. Mais ils oublieront en partant de noyer la veilleuse et un peu d'huile se répandra par le poignard de la flamme sur l'impossible solution.

FASTES

L'été chantait sur son roc préféré quand tu m'es apparue, l'été chantait à l'écart de nous qui étions silence, sympathie, liberté triste, mer plus encore que la mer dont la longue pelle bleue s'amusait à nos pieds.

L'été chantait et ton cœur nageait loin de lui. Je baisais ton courage, entendais ton désarroi. Route par l'absolu des vagues vers ces hauts pics d'écume où croisent des vertus meurtrières pour les mains qui portent nos maisons. Nous n'étions pas crédules. Nous étions entourés.

Les ans passèrent. Les orages moururent. Le monde s'en alla. J'avais mal de sentir que ton cœur justement ne m'apercevait plus. Je t'aimais. En mon absence de visage et mon vide de bonheur. Je t'aimais, changeant en tout, fidèle à toi.

A UNE FERVEUR BELLIQUEUSE

Notre-Dame des Lumières qui restez seule sur votre rocher, brouillée avec votre église, favorable à ses insurgés, nous ne vous devons rien qu'un regard d'ici-bas.

Je vous ai quelquefois détestée. Vous n'étiez jamais nue. Votre bouche était sale. Mais je sais aujourd'hui que j'ai exagéré car ceux qui vous baisaient avaient souillé leur table.

Les passants que nous sommes n'ont jamais exigé que le repos leur vînt avant l'épuisement. Gardienne des efforts, vous n'êtes pas marquée, sinon du peu d'amour dont vous fûtes couverte.

Vous êtes le moment d'un mensonge éclairé, le gourdin encrassé, la lampe punissable. J'ai la tête assez chaude pour vous mettre en débris ou prendre votre main. Vous êtes sans défense.

Trop de coquins vous guettent et guettent votre effroi. Vous n'avez d'autre choix que la complicité. Le sévère dégoût que de bâtir pour eux, de devoir en retour leur servir d'affidée !

J'ai rompu le silence puisque tous sont partis et que vous n'avez rien qu'un bois de pins pour vous. Ah ! courez à la route, faites-vous des amis, cœur enfant devenez sous le nuage noir.

Le monde a tant marché depuis votre venue qu'il n'est plus qu'un pot d'os, qu'un vœu de cruauté. O Dame évanouie, servante de hasard, les lumières se rendent où l'affamé les voit.

(1943.)

LES PREMIERS INSTANTS

Nous regardions couler devant nous l'eau grandissante. Elle effaçait d'un coup la montagne, se chassant de ses flancs maternels. Ce n'était pas un torrent qui s'offrait à son destin mais une bête ineffable dont nous devenions la parole et la substance. Elle nous tenait amoureux sur l'arc tout-puissant de son imagination. Quelle intervention eût pu nous contraindre? La modicité quotidienne avait fui, le sang jeté était rendu à sa chaleur. Adoptés par l'ouvert, poncés jusqu'à l'invisible, nous étions une victoire qui ne prendrait jamais fin.

LA SORGUE

Chanson pour Yvonne.

Rivière trop tôt partie, d'une traite, sans compagnon,
Donne aux enfants de mon pays le visage de ta
passion.

Rivière où l'éclair finit et où commence ma maison,
Qui roule aux marches d'oubli la rocaille de ma
raison.

Rivière, en toi terre est frisson, soleil anxiété.
Que chaque pauvre dans sa nuit fasse son pain de
ta moisson.

Rivière souvent punie, rivière à l'abandon.

Rivière des apprentis à la calleuse condition,
Il n'est vent qui ne fléchisse à la crête de tes sillons.

Rivière de l'âme vide, de la guenille et du soupçon,
Du vieux malheur qui se dévide, de l'ormeau, de
la compassion.

Rivière des farfelus, des fiévreux, des équarrisseurs,
Du soleil lâchant sa charrue pour s'acoquiner au
menteur.

Rivière des meilleurs que soi, rivière des brouillards
éclos,
De la lampe qui désaltère l'angoisse autour de son
chapeau.

Rivière des égards au songe, rivière qui rouille le
fer,
Où les étoiles ont cette ombre qu'elles refusent à la
mer.

Rivière des pouvoirs transmis et du cri embou-
quant les eaux,
De l'ouragan qui mord la vigne et annonce le vin
nouveau.

Rivière au cœur jamais détruit dans ce monde fou
de prison,
Garde-nous violent et ami des abeilles de l'horizon.

LE MARTINET

Martinet aux ailes trop larges, qui vire et crie sa joie autour de la maison. Tel est le cœur.

Il dessèche le tonnerre. Il sème dans le ciel serein. S'il touche au sol, il se déchire.

Sa répartie est l'hirondelle. Il déteste la familière. Que vaut dentelle de la tour ?

Sa pause est au creux le plus sombre. Nul n'est plus à l'étroit que lui.

L'été de la longue clarté, il filera dans les ténèbres, par les persiennes de minuit.

Il n'est pas d'yeux pour le tenir. Il crie, c'est toute sa présence. Un mince fusil va l'abattre. Tel est le cœur.

ALLÉGEANCE

Dans les rues de la ville il y a mon amour. Peu importe où il va dans le temps divisé. Il n'est plus mon amour, chacun peut lui parler. Il ne se souvient plus; qui au juste l'aima?

Il cherche son pareil dans le vœu des regards. L'espace qu'il parcourt est ma fidélité. Il dessine l'espoir et léger l'éconduit. Il est prépondérant sans qu'il y prenne part.

Je vis au fond de lui comme une épave heureuse. A son insu, ma solitude est son trésor. Dans le grand méridien où s'inscrit son essor, ma liberté le creuse.

Dans les rues de la ville il y a mon amour. Peu importe où il va dans le temps divisé. Il n'est plus mon amour, chacun peut lui parler. Il ne se souvient plus; qui au juste l'aima et l'éclaire de loin pour qu'il ne tombe pas?

LE THOR

Dans le sentier aux herbes engourdies où nous nous étonnions, enfants, que la nuit se risquât à passer, les guêpes n'allaient plus aux ronces et les oiseaux aux branches. L'air ouvrait aux hôtes de la matinée sa turbulente immensité. Ce n'étaient que filaments d'ailes, tentation de crier, voltige entre lumière et transparence. Le Thor s'exaltait sur la lyre de ses pierres. Le mont Ventoux, miroir des aigles, était en vue.

Dans le sentier aux herbes engourdies, la chimère d'un âge perdu souriait à nos jeunes larmes.

PÉNOMBRE

J'étais dans une de ces forêts où le soleil n'a pas accès mais où, la nuit, les étoiles pénètrent. Ce lieu n'avait le permis d'exister que parce que l'inquisition des États l'avait négligé. Les servitudes abandonnées me marquaient leur mépris. La hantise de punir m'était retirée. Par endroit, le souvenir d'une force caressait la fugue paysanne de l'herbe. Je me gouvernais sans doctrine, avec une véhémence sereine. J'étais l'égal de choses dont le secret tenait sous le rayon d'une aile. Pour la plupart, l'essentiel n'est jamais né et ceux qui le possèdent ne peuvent l'échanger sans se nuire. Nul ne consent à perdre ce qu'il a conquis à la pointe de sa peine! Autrement ce serait la jeunesse et la grâce, source et delta auraient la même pureté.

J'étais dans une de ces forêts où le soleil n'a pas accès mais où, la nuit, les étoiles pénètrent pour d'implacables hostilités.

CUR SECESSISTI ?

Neige, caprice d'enfant, soleil qui n'a que l'hiver pour devenir un astre, au seuil de mon cachot de pierre, venez vous abriter. Sur les pentes d'Aulan, mes fils qui sont incendiaires, mes fils qu'on tue sans leur fermer les yeux, s'augmentent de votre puissance.

CETTE FUMÉE QUI NOUS PORTAIT

Cette fumée qui nous portait était sœur du bâton qui dérange la pierre et du nuage qui ouvre le ciel. Elle n'avait pas mépris de nous, nous prenait tels que nous étions, minces ruisseaux nourris de désarroi et d'espérance, avec un verrou aux mâchoires et une montagne dans le regard.

REDONNEZ-LEUR...

Redonnez-leur ce qui n'est plus présent en eux,
Ils reverront le grain de la moisson s'enfermer dans
   l'épi et s'agiter sur l'herbe.
Apprenez-leur, de la chute à l'essor, les douze mois
   de leur visage,
Ils chériront le vide de leur cœur jusqu'au désir
   suivant;
Car rien ne fait naufrage ou ne se plaît aux cendres;
Et qui sait voir la terre aboutir à des fruits,
Point ne l'émeut l'échec quoiqu'il ait tout perdu.

DIS...

Dis ce que le feu hésite à dire
Soleil de l'air, clarté qui ose,
Et meurs de l'avoir dit pour tous.

PRIÈRE ROGUE

Gardez-nous la révolte, l'éclair, l'accord illusoire, un rire pour le trophée glissé des mains, même l'entier et long fardeau qui succède, dont la difficulté nous mène à une révolte nouvelle. Gardez-nous la primevère et le destin.

GEORGES BRAQUE INTRA-MUROS

Palais des Papes, Avignon, juin 1947.

J'ai vu, dans un palais surmonté de la tiare, un homme entrer et regarder les murs. Il parcourut la solitude dolente et se tourna vers la fenêtre. Les eaux proches du fleuve durent au même instant tournoyer, puis la beauté qui va d'un couple à une pierre, puis la poussière des rebelles dans leur sépulcre de papes.

Les quatre murs majeurs se mirent à porter ses espoirs, le monde qu'il avait forcé et révélé, la vie acquiesçant au secret, et ce cœur qui éclate en couleurs, que chacun fait sien pour le meilleur et pour le pire.

J'ai vu, cet hiver, ce même homme sourire à sa maison très basse, tailler un roseau pour dessiner des fleurs. Je l'ai vu du bâton percer l'herbe gelée, être l'œil qui respire et enflamme la trace.

UN OISEAU...

Un oiseau chante sur un fil
Cette vie simple, à fleur de terre.
Notre enfer s'en réjouit.

Puis le vent commence à souffrir;
Et les étoiles s'en avisent.

O folles, de parcourir
Tant de fatalité profonde!

CRAYON DU PRISONNIER

Un amour dont la bouche est un bouquet de
   brumes
Éclôt et disparaît.
Un chasseur va le suivre, un guetteur l'apprendra;
Et ils se haïront tous deux; puis ils se maudiront
   tous trois.
Il gèle au-dehors, la feuille passe à travers l'arbre.

DÉBRIS MORTELS ET MOZART

Au petit jour, une seule fois, le vieux nuage rose dépeuplé survolera les yeux désormais distants, dans la majesté de sa lenteur libre; puis ce sera le froid, immense occupant, puis le Temps qui n'a pas d'endroit.

Sur la longueur de ses deux lèvres, en terre commune, soudain l'allégro, défi de ce rebut sacré, perce et reflue vers les vivants, vers la totalité des hommes et des femmes en deuil de patrie intérieure qui, errant pour n'être pas semblables, vont à travers Mozart s'éprouver en secret.

— Bien-aimée, lorsque tu rêves à haute voix, et d'aventure prononces mon nom, tendre vainqueur de nos frayeurs conjuguées, de mon décri solitaire, la nuit est claire à traverser.

A UNE ENFANT

Hélène,
Au lent berceau, au doux cheval,
Bonjour! Mon auberge est la tienne.

Comme ta chaleur est adroite.
Qui sait, en biais, m'atteindre au cœur,
Enfant chéri des ruisseaux, des rêveurs,
        Hélène! Hélène!

Mais que te veulent les saisons
Qui t'aiment de quatre manières?
Que ta beauté, cette lumière
Entre et passe en chaque maison?
Ou, que la lune à jamais grande
Te tienne et t'entoure la main
Jusqu'à l'amour que tu demandes?

AUXILIAIRES

Ceux qu'il faut attacher sur terre
Pour satisfaire la beauté,
Familiers autant qu'inconnus,
A l'image de la tempête,
Qu'attendent-ils les uns des autres ?
Un nuage soudain les chasse.
Il suffit qu'ils aient existé
Au même instant qu'une mouette.

COMPAGNIE DE L'ÉCOLIÈRE

Je sais bien que les chemins marchent
Plus vite que les écoliers
Attelés à leur cartable
Roulant dans la glu des fumées
Où l'automne perd le souffle
Jamais douce à vos sujets
Est-ce vous que j'ai vue sourire
Ma fille ma fille je tremble

N'aviez-vous donc pas méfiance
De ce vagabond étranger
Quand il enleva sa casquette
Pour vous demander son chemin
Vous n'avez pas paru surprise
Vous vous êtes abordés
Comme coquelicot et blé
Ma fille ma fille je tremble

La fleur qu'il tient entre les dents
Il pourrait la laisser tomber

.S'il consent à donner son nom
A rendre l'épave à ses vagues
Ensuite quelque aveu maudit
Qui hanterait votre sommeil
Parmi les ajoncs de son sang
Ma fille ma fille je tremble

Quand ce jeune homme s'éloigna
Le soir mura votre visage
Quand ce jeune homme s'éloigna
Dos voûté front bas et mains vides
Sous les osiers vous étiez grave
Vous ne l'aviez jamais été
Vous rendra-t-il votre beauté
Ma fille ma fille je tremble

La fleur qu'il gardait à la bouche
Savez-vous ce qu'elle cachait
Père un mal pur bordé de mouches
Je l'ai voilé de ma pitié
Mais ses yeux tenaient la promesse
Que je me suis faite à moi-même
Je suis folle je suis nouvelle
C'est vous mon père qui changez.

CORAIL

A un Othello.

Il s'alarme à l'idée que le regard appris,
Il ne reste des yeux que l'herbe du mensonge.
Il est si méfiant que son auvent se gâte
A n'attendre que lui seul.

Nul n'empêche jamais la lumière exilée
De trouver son élu dans l'inconnu surpris.
Elle franchit d'un bond l'espace et le jaloux,
Et c'est un astre entier de plus.

COMPLAINTE DU LÉZARD AMOUREUX

N'égräine pas le tournesol,
Tes cyprès auraient de la peine,
Chardonneret, reprends ton vol
Et reviens à ton nid de laine.

Tu n'es pas un caillou du ciel
Pour que le vent te tienne quitte,
Oiseau rural; l'arc-en-ciel
S'unifie dans la marguerite.

L'homme fusille, cache-toi;
Le tournesol est son complice.
Seules les herbes sont pour toi,
Les herbes des champs qui se plissent.

Le serpent ne te connaît pas,
Et la sauterelle est bougonne;
La taupe, elle, n'y voit pas;
Le papillon ne hait personne.

Il est midi, chardonneret.
Le séneçon est là qui brille.
Attarde-toi, va, sans danger :
L'homme est rentré dans sa famille!

L'écho de ce pays est sûr.
J'observe, je suis bon prophète;
Je vois tout de mon petit mur,
Même tituber la chouette.

Qui, mieux qu'un lézard amoureux,
Peut dire les secrets terrestres?
O léger gentil roi des cieux,
Que n'as-tu ton nid dans ma pierre!

FÊTE DES ARBRES ET DU CHASSEUR

ABRÉGÉ.

Deux joueurs de guitare sont assis sur des chaises de fer dans un décor de plein air méditerranéen. Un moment, ils préludent et vérifient leur instrument. Arrive le chasseur. Il est vêtu de toile. Il porte un fusil et une gibecière. Il dit avec lenteur, la voix triste, les premiers vers du poème, accompagné très doucement par les guitares, puis va chasser. Chaque guitariste, à tour de rôle, module la part du poème qui lui revient, en observant un silence après chaque quatrain, silence ventilé par les guitares. Un coup de feu est entendu. Le chasseur réapparaît et comme précédemment s'avance vers le public. Il dit l'avant-final du poème, harcelé par les guitares dont les joueurs se sont dressés et l'encadrent. Enfin les deux guitaristes chantent haut ensemble le final, le chasseur muet, tête basse, entre eux. Dans le lointain, des arbres brûlent.

Les deux guitares exaltent dans la personne du chasseur mélancolique (il tue les oiseaux « pour que l'arbre lui reste » cependant que sa cartouche met du même coup le feu à la forêt) l'exécutant d'une contradiction conforme à l'exigence de la création.

Le chasseur :

Sédentaires aux ailes stridentes
Ou voyageurs du ciel profond,
Oiseaux, nous vous tuons
Pour que l'arbre nous reste et sa morne patience.

*Départ du chasseur. Les deux guitares, tour à
tour, vont évoquer son univers.*

Première guitare :

Est-ce l'abord des libertés,
L'espérance d'une plaie vive,
Qu'à votre cime vous portez,
Peuplier à taille d'ogive ?

Deuxième guitare :

L'enfant que vous déshabillez,
Églantier, malin des carrières,
Voit la langue de vos baisers
En transparence dans sa chair.

Première guitare :

Le chien que le grelot harcèle
Gémit, aboie et lâche pied.
La magie sèche l'ensorcèle
Qui joue de son habileté.

DEUXIÈME GUITARE :

Tourterelle, ma tristesse
A mon insu définie,
Ton chant est mon chant de minuit,
Ton aile bat ma forteresse !

PREMIÈRE GUITARE :

Les appelants dans la froidure
Exhortent le feu du fusil
A jaillir de sa cage, lui,
Pour maintenir leur imposture.

DEUXIÈME GUITARE :

Le chêne et le gui se murmurent
Les projets de leurs ennemis :
Le bûcheron aux hanches dures,
La faucille de l'enfant chétif.

PREMIÈRE GUITARE :

La panacée de l'incendie,
Mantes, sur vos tiges cassantes,
Porte l'éclair dans votre nuit,
En vue de vos amours violentes.

DEUXIÈME GUITARE :

Dors dans le creux de ma main,
Olivier, en terre nouvelle,

C'est sûr, la journée sera belle
Malgré l'entame du matin.

> *Coup de fusil dans la forêt et son écho jus-*
> *qu'aux guitares.*

PREMIÈRE GUITARE :

L'alouette à peine éclairée
Scintille et crée le souhait qu'elle chante;
Et la terre des affamés
Rampe vers cette vivante.

DEUXIÈME GUITARE :

On marche, on brise son chemin,
On taille avec un couteau aigre
Un bâton, pour réduire enfin
La grande fatigue des pères.

PREMIÈRE GUITARE :

Cyprès que le chasseur blesse
Dans l'hallucination du soir clair,
Entre la lumière et la mer
Tombent vos chaudes silhouettes.

DEUXIÈME GUITARE :

Si l'on perd de vue ses querelles,
On échange aussi sa maison

Contre un rocher dont l'horizon
S'égoutte sous une fougère.

PREMIÈRE GUITARE :

Chère ombre que nous vénérons
Dans les calendes d'errants,
Rangez les herbes que défont
La nuque et les doigts des amants.

DEUXIÈME GUITARE :

Le cœur s'éprend d'un ruisseau clair,
Y jette sa cartouche amère.
Il feint d'ignorer que la mer
Lui recédera le mystère.

PREMIÈRE GUITARE :

Douleur et temps flânent ensemble.
Quelle volonté les assemble?
Prenez, hirondelles atones,
Confidence de leur personne.

DEUXIÈME GUITARE :

Aimez, lorsque volent les pierres
Sous la foulée de votre pas,
Chasseur, le carré de lumière
Qui marque leur place ici-bas.

Retour du chasseur.

LE CHASSEUR :

Il faut nous voir marcher dans cet ennui de vous
Forêt qui subsistez dans l'émotion de tous,
A distance des portes, à peine reconnue.
Devant l'étincelle du vide,
Vous n'êtes jamais seule, ô grande disparue !

Lueur de la forêt incendiée.

LES GUITARES :

Merci, et la Mort s'étonne ;
Merci, la Mort n'insiste pas ;
Merci, c'est le jour qui s'en va ;
Merci simplement à un homme
S'il tient en échec le glas.

LES TRANSPARENTS

Les Transparents ou Vagabonds luni-solaires ont de nos jours à peu près complètement disparu des bourgs et des forêts où on avait coutume de les apercevoir. Affables et déliés, ils dialoguaient en vers avec l'habitant, le temps de déposer leur besace et de la reprendre. L'habitant, l'imagination émue, leur accordait le pain, le vin, le sel et l'oignon cru; s'il pleuvait, la paille.

I. TOQUEBIOL.

L'habitant

— Travaille, une ville naîtra
Où chaque logis sera ton logis.

Toquebiol

— Innocence, ton vœu finit
Sur la faucille de mon pas.

II. Laurent de Venasque.

Laurent se plaint. Sa maîtresse n'est pas venue au rendez-vous où il l'a attendue. Aussi, dépité, s'en va-t-il pour de bon.

A trop attendre,
On perd sa foi.

Celui qui part
N'est point menteur.

Ah! le voyage,
Petite source.

III. Pierre Prieuré.

Pierre

— Prononce un vœu, nuit où je vois?

La Nuit

— Que le rossignol se taise
Et l'impossible amour qu'il veut calme en son
   cœur.

IV. Églin Ambrozane.

La Galante

— Commencez à vous réjouir,
Étranger, je vais vous ouvrir.

— Je suis le loup chagrin,
Beauté, pour vous servir.

V. DIANE CANCEL.

Le Casanier

— Les tuiles de bonne cuisson,
Des murs moulés comme des arches,
Les fenêtres en proportion,
Le lit en merisier de Sparte,
Un miroir de flibusterie
Pour la Rose de mon souci.

Diane

— Mais la clé qui tourne deux fois
Dans ta porte de patriarche
Souffle l'ardeur, éteint la voix.
Sur le talus, l'amour quitté, le vent m'endort.

VI. RENÉ MAZON.

Le rocher parle par la bouche de René.

Je suis la première pierre de la volonté de Dieu, le
    rocher;
L'indigent de son jeu et le moins belliqueux.

Figuier, pénètre-moi :
Mon apparence est un défi, ma profondeur une
    amitié.

VII. Jacques Aiguillée.

Jacques se peint.

Quand tout le monde prie,
Nous sommes incrédules.
Quand personne n'a foi,
Nous devenons croyants.
Tel l'œil du chat, nous varions.

VIII. Odin le Roc.

*Ce qui vous fascine par endroit dans mon vers, c'est
l'avenir, glissante obscurité d'avant l'aurore, tandis que
la nuit est au passé déjà.*

Les mille métiers se ressemblent;
Tous les ruisseaux coulent ensemble,
Bande d'incorrigibles chiens,
Malgré vos oreilles qui tremblent
Sur le tourment de votre chaîne.

Le juron de votre seigneur
Est une occasion de poussière,
Bêtes, qui durcissez le pain
Dans la maigreur de l'herbe.

Que les gouttes de pluie soient en toute saison
Les beaux éclairs de l'horizon;
La terre nous la parcourons.
Matin, nous lui baisons le front.

Chaque femme se détournant,
Notre chance c'est d'obtenir
Que la foudre en tombant devienne
L'incendie de notre plaisir.

Tourterelle, oiseau de noblesse,
L'orage oublie qui le traverse.

IX. JOSEPH PUISSANTSEIGNEUR.

Joseph

— Route, es-tu là?

Moi

Les prodigues s'en vont ensemble.

X. GUSTAVE CHAMIER.

Écoutez passer, regardez partir
De votre fierté si longue à fléchir
La paille du grain qui ne peut pourrir.
Faible est le grenier que le pain méprise.

XI. Étienne Fage.

J'éveille mon amour
Pour qu'il me dise l'aube.

XII. Aimeri Favier.

Aimeri

— Vous enterrez le vent,
Ami, en m'enterrant.

Le Fossoyeur

— Qu'importe où va le vent !

Mais sa bêche resta dedans.

XIII. Louis le Bel.

Louis

— Brûleurs de ronces, enragés jardiniers,
Vous êtes mes pareils, mais que vous m'écœurez !

Les Tâcherons

— Batteur de taches de soleil,
Nous sommes surmenés, nous sommes satisfaits.
Que répondre à cela,
Vieil enfant ?

— Le cœur aidant l'effort,
Marcher jusqu'à la mort
Qui clôt la liberté
Qui laissait l'illusion.

XIV. Jean Jaume.

Jean

L'olivier, à moi, m'est jumeau,
O bleu de l'air, ô bleu corbeau !

Quelques collines se le dirent,
Et les senteurs se confondirent.

XV. Comte de Sault.

Son épitaphe :

Aux lourdes roses assombries,
Désir de la main des aveugles,
Préfère, passant, l'églantier
Dont je suis la pointe amoureuse
Qui survit à ton effusion.

XVI. Claude Palun.

Le Paysan

— Nul ne croit qu'il meurt pour de bon,
S'il regarde la gerbe au soir de la moisson
Et la verse du grain dans sa main lui sourire.

— Diligent, nous te dépassons,
Notre éternité est de givre.

XVII. ALBERT ENSÉNADA.

Le monde où les Transparents *vivaient
et qu'ils aimaient prend fin. Albert le sait.*

Les fusils chargés nous remplacent
Et se tait l'aboiement des chiens.
Apparaissez formes de glace,
Nous, *Transparents*, irons plus loin.

HUIS DE LA MORT SALUTAIRE

(L'interrogatoire total.)

— Bolet de Satan, délice mortel,
Le crime est serein après son aveu.

— Je ne suis qu'un vieux pieux bourrelier,
J'aimais les chevaux, je les habillais.

— Tu étais nuisible et tu étais traître.

— Dans mon atelier, j'étais seul, vous dis-je;
Je piquais le cuir, je l'adoucissais.

— Coupable ou suspect tu seras celui
Dont l'Histoire dit : « Tel il s'est voulu.
Serais-je assez folle pour approfondir ? »

Bolet de Satan, lumineux captif,
Tu contribueras à notre effigie;
Tu enchériras sur notre inclémence.

Répète : J'avoue, pardon, punissez.
Et tu certifies de tout ton sommeil. —

Un couteau traînait, hasard ou bonheur.
L'homme se tua, liberté en main.

(1948.)

QU'IL VIVE!

Dans mon pays, les tendres preuves du printemps et les oiseaux mal habillés sont préférés aux buts lointains.

La vérité attend l'aurore à côté d'une bougie. Le verre de fenêtre est négligé. Qu'importe à l'attentif.

Dans mon pays, on ne questionne pas un homme ému.

Il n'y a pas d'ombre maligne sur la barque chavirée.

Bonjour à peine, est inconnu dans mon pays.

On n'emprunte que ce qui peut se rendre augmenté.

Il y a des feuilles, beaucoup de feuilles sur les arbres de mon pays. Les branches sont libres de n'avoir pas de fruits.

On ne croit pas à la bonne foi du vainqueur.

Dans mon pays, on remercie.

PYRÉNÉES

Montagne des grands abusés,
Au sommet de vos tours fiévreuses
Faiblit la dernière clarté.

Rien que le vide et l'avalanche,
La détresse et le regret!

Tous ces troubadours mal-aimés
Ont vu blanchir dans un été
Leur doux royaume pessimiste.

Ah! la neige est inexorable
Qui aime qu'on souffre à ses pieds,
Qui veut que l'on meure glacé
Quand on a vécu dans les sables.

HERMÉTIQUES OUVRIERS...

Hermétiques ouvriers
En guerre avec mon silence,

Même le givre vous offense
A la vitre associé!
Même une bouche que j'embrasse
Sur sa muette fierté!

Partout j'entends implorer grâce
Puis rugir et déferler :
Fugitifs devant la torche,
Agonie demain buisson.

Dans la ville où elle existe,
La foule s'enfièvre déjà.
La lumière qui lui ment
Est un tambour dans l'espace.

Aux épines du torrent
Ma laine maintient ma souffrance.

144

DÉDALE

Pioche! enjoignait la virole.
Saigne! répétait le couteau.
Et l'on m'arrachait la mémoire,
On martyrisait mon chaos.

Ceux qui m'avaient aimé,
Puis détesté, puis oublié,
Se penchaient à nouveau sur moi.
Certains pleuraient, d'autres étaient contents.

Sœur froide, herbe de l'hiver,
En marchant, je t'ai vue grandir,
Plus haute que mes ennemis,
Plus verte que mes souvenirs.

LE TOUT ENSEMBLE

Faucille qui persévérez dans le ciel désuni
Malgré le jour et notre frénésie;
Lune qui nous franchit et côtoie notre cœur,
Lui, resté dans la nuit;
Liens que rien n'interrompt
Sous le talon actif, par les midis glacés.

Déjà là, printanier crépuscule!
Nous n'étions qu'éveillés, nous n'avons pas agi.

LE CARREAU

Pures pluies, femmes attendues,
La face que vous essuyez,
De verre voué aux tourments,
Est la face du révolté;
L'autre, la vitre de l'heureux,
Frissonne devant le feu de bois.

Je vous aime mystères jumeaux,
Je touche à chacun de vous;
J'ai mal et je suis léger.

LES NUITS JUSTES

Avec un vent plus fort,
Une lampe moins obscure,
Nous devons trouver la halte
Où la nuit dira : « Passez »;
Et nous en serons certains
Quand le verre s'éteindra.

O terre devenue tendre!
O branche où mûrit ma joie!
La gueule du ciel est blanche.
Ce qui miroite, là, c'est toi,
Ma chute, mon amour, mon saccage.

L'ADOLESCENT SOUFFLETÉ

Les mêmes coups qui l'envoyaient au sol le lançaient en même temps loin devant sa vie, vers les
futures années où, quand il saignerait, ce ne serait
plus à cause de l'iniquité d'un seul. Tel l'arbuste
que réconfortent ses racines et qui presse ses ra-
meaux meurtris contre son fût résistant, il descendait ensuite à reculons dans le mutisme de ce
savoir et dans son innocence. Enfin il s'échappait,
s'enfuyait et devenait souverainement heureux. Il
atteignait la prairie et la barrière des roseaux dont
il cajolait la vase et percevait le sec frémissement.
Il semblait que ce que la terre avait produit de plus
noble et de plus persévérant, l'avait, en compen-
sation, adopté.

Il recommencerait ainsi jusqu'au moment où, la
nécessité de rompre disparue, il se tiendrait droit et
attentif parmi les hommes, à la fois plus vulnérable
et plus fort.

L'AMOUREUSE EN SECRET

Elle a mis le couvert et mené à la perfection ce à quoi son amour assis en face d'elle parlera bas tout à l'heure, en la dévisageant. Cette nourriture semblable à l'anche d'un hautbois.

Sous la table, ses chevilles nues caressent à présent la chaleur du bien-aimé, tandis que des voix qu'elle n'entend pas, la complimentent. Le rayon de la lampe emmêle, tisse sa distraction sensuelle.

Un lit, très loin, sait-elle, patiente et tremble dans l'exil des draps odorants, comme un lac de montagne qui ne sera jamais abandonné.

LES LICHENS

Je marchais parmi les bosses d'une terre écurée, les haleines secrètes, les plantes sans mémoire. La montagne se levait, flacon empli d'ombre qu'étreignait par instant le geste de la soif. Ma trace, mon existence se perdaient. Ton visage glissait à reculons devant moi. Ce n'était qu'une tache à la recherche de l'abeille qui la ferait fleur et la dirait vivante. Nous allions nous séparer. Tu demeurerais sur le plateau des arômes et je pénétrerais dans le jardin du vide. Là, sous la sauvegarde des rochers, dans la plénitude du vent, je demanderais à la nuit véritable de disposer de mon sommeil pour accroître ton bonheur. Et tous les fruits t'appartiendraient.

RECOURS AU RUISSEAU

Sur l'aire du courant, dans les joncs agités, j'ai retracé ta ville. Les maçons au large feutre sont venus; ils se sont appliqués à suivre mon mouvement. Ils ne concevaient pas ma construction. Leur compétence s'alarmait.

Je leur ai dit que, confiante, tu attendais proche de là que j'eusse atteint la demie de ma journée pour connaître mon travail. A ce moment notre satisfaction commune l'effacerait, nous le recommencerions plus haut, identiquement, dans la certitude de notre amour. Railleurs, ils se sont écartés. Je voyais, tandis qu'ils remettaient leur veste de toile, le gravier qui brillait dans le ciel du ruisseau et dont je n'avais, moi, nul besoin.

CENTON

Vous recherchez mon point faible, ma faille? Sa découverte vous permettrait de m'avoir à merci? Mais, assaillant, ne voyez-vous pas que je suis un crible et que votre peu de cervelle sèche parmi mes rayons expirés?

Je n'ai ni chaud ni froid : je gouverne. Cependant n'allongez pas trop la main vers le sceptre de mon pouvoir. Il glace, il brûle... Vous en éventeriez la sensation.

J'aime, je capture et je rends à quelqu'un. Je suis dard et j'abreuve de lumière le prisonnier de la fleur. Tels sont mes contradictions, mes services.

En ce temps, je souriais au monde et le monde me souriait. En ce temps qui ne fut jamais et que je lis dans la poussière.

Ceux qui regardent souffrir le lion dans sa cage pourrissent dans la mémoire du lion.

Un roi qu'un coureur de chimère rattrape, je lui souhaite d'en mourir.

JOUE ET DORS...

Joue et dors, bonne soif, nos oppresseurs ici ne sont
    pas sévères.
Volontiers ils plaisantent ou nous tiennent le bras
Pour traverser la périlleuse saison.
Sans doute le poison s'est-il assoupi en eux
Au point de desserrer leur barbare humeur.
Comme ils nous ont pourtant pourchassés jusqu'ici,
    ma soif,
Et contraints à vivre dans l'abandon de notre
    amour réduit à une mortelle providence!
Aromates, est-ce pour vous? Ou toutes plantes qui
    luttez sous un mur de sécheresse, est-ce pour
    vous? Ou nuages au grand large prenant congé
    de la colonne?
Dans l'immense, comment deviner?

Qu'entreprendre pour fausser compagnie à ces
    tyrans, ô mon amie?
Joue et dors, que je mesure bien nos chances.
Mais si tu me viens en aide, je devrais t'entraî-
    ner avec moi, et je ne veux pas t'exposer.
Alors, restons encore... Et qui pourrait nous dire
    lâches?

LES INVENTEURS

Ils sont venus, les forestiers de l'autre versant, les
  inconnus de nous, les rebelles à nos usages.
Ils sont venus nombreux.
Leur troupe est apparue à la ligne de partage des
  cèdres
Et du champ de la vieille moisson désormais irri-
  gué et vert.
La longue marche les avait échauffés.
Leur casquette cassait sur leurs yeux et leur pied
  fourbu se posait dans le vague.

Ils nous ont aperçus et se sont arrêtés.
Visiblement ils ne présumaient pas nous trouver là,
Sur des terres faciles et des sillons bien clos,
Tout à fait insouciants d'une audience.
Nous avons levé le front et les avons encouragés.

Le plus disert s'est approché, puis un second tout
  aussi déraciné et lent.

Nous sommes venus, dirent-ils, vous prévenir de l'arrivée prochaine de l'ouragan, de votre implacable adversaire.
Pas plus que vous, nous ne le connaissons
Autrement que par des relations et des confidences d'ancêtres.
Mais pourquoi sommes-nous heureux incompréhensiblement devant vous et soudain pareils à des enfants?

Nous avons dit merci et les avons congédiés.
Mais auparavant ils ont bu, et leurs mains tremblaient, et leurs yeux riaient sur les bords.
Hommes d'arbres et de cognée, capables de tenir tête à quelque terreur mais inaptes à conduire l'eau, à aligner des bâtisses, à les enduire de couleurs plaisantes,
Ils ignoreraient le jardin d'hiver et l'économie de la joie.

Certes, nous aurions pu les convaincre et les conquérir,
Car l'angoisse de l'ouragan est émouvante.
Oui, l'ouragan allait bientôt venir;
Mais cela valait-il la peine que l'on en parlât et qu'on dérangeât l'avenir?
Là où nous sommes, il n'y a pas de crainte urgente.

Sivergues, 30 septembre 1949.

LE MASQUE FUNÈBRE

Il était un homme, une fois, qui n'ayant plus faim, plus jamais faim, tant il avait dévoré d'héritages, englouti d'aliments, appauvri son prochain, trouva sa table vide, son lit désert, sa femme grosse et la terre mauvaise dans le champ de son cœur.

N'ayant pas de tombeau et se voulant en vie, n'ayant rien à donner et moins à recevoir, les objets le fuyant, les bêtes lui mentant, il vola la famine et s'en fit une assiette, qui devint son miroir et sa propre déroute.

MONTAGNE DÉCHIRÉE

Oh! la toujours plus rase solitude
Des larmes qui montent aux cimes.

Quand se déclare la débâcle
Et qu'un vieil aigle sans pouvoir
Voit revenir son assurance,
Le bonheur s'élance à son tour,
A flanc d'abîme les rattrape.

Chasseur rival, tu n'as rien appris,
Toi qui sans hâte me dépasses
Dans la mort que je contredis.

ANOUKIS ET PLUS TARD JEANNE

Je te découvrirai à ceux que j'aime, comme un
long éclair de chaleur, aussi inexplicablement que
tu t'es montrée à moi, Jeanne, quand un matin
s'astreignant à ton dessein, tu nous menas de roc
en roc jusqu'à cette fin de soi qu'on appelle un
sommet. Le visage à demi masqué par ton bras
replié, les doigts de ta main sollicitant ton épaule,
tu nous offris, au terme de notre ascension, une
ville, les souffrances et la qualification d'un génie,
la surface égarée d'un désert, et le tournant cir-
conspect d'un fleuve sur la rive duquel des bâtisseurs s'interrogeaient. Mais je te suis vite revenu,
Faucille, car tu consumais ton offrande. Et ni le
temps, ni la beauté, ni le hasard qui débride le
cœur ne pouvaient se mesurer avec toi.

J'ai ressuscité alors mon antique richesse, notre
richesse à tous, et dominant ce que demain
détruira, je me suis souvenu que tu étais Anoukis
l'Étreigneuse, aussi fantastiquement que tu étais
Jeanne, la sœur de mon meilleur ami, et aussi
inexplicablement que tu étais l'Étrangère dans

l'esprit de ce misérable carillonneur dont le père, gardien à l'asile, répétait autrefois que Van Gogh était fou.

Saint-Rémy-des-Alpilles, 18 septembre 1949.

LES SEIGNEURS DE MAUSSANE

L'un après l'autre ils ont voulu nous prédire un
    avenir heureux,
Avec une éclipse à leur image et toute l'angoisse
    conforme à nous!
Nous avons dédaigné cette égalité,
Répondu non à leurs mots assidus.
Nous avons suivi l'empierrement que notre cœur
    s'était tracé
Jusqu'aux plaines de l'air et l'unique silence.
Nous avons fait saigner notre amour exigeant,
Lutter notre bonheur avec chaque caillou.

Ils disent à présent qu'au delà de leur vue,
La grêle les effraie plus que la neige des morts!

A LA DÉSESPÉRADE

Ce puits d'eau douce au goût sauvagin qui est mer ou rien.

— Je ne désire plus que tu me sois ouvert
Et que l'eau grelottant sous ta face profonde
Me parvienne joyeuse et douce, touffue et sombre,
(Passagères serrées accourues sur mes lèvres
Où réussissent si complètement les larmes)
Puits de mémoire, ô cœur, en repli et luttant.

— Laisse dormir ton ancre tout au fond de mon
    sable,
Sous l'ouragan de sel où ta tête domine,
Poète confondant, et sois heureux
Car je m'attache encore à tes préparatifs de tra-
    versée.

PLEINEMENT

Quand nos os eurent touché terre,
Croulant à travers nos visages,
Mon amour, rien ne fut fini.
Un amour frais vint dans un cri
Nous ranimer et nous reprendre.
Et si la chaleur s'était tue,
La chose qui continuait,
Opposée à la vie mourante,
A l'infini s'élaborait.
Ce que nous avions vu flotter
Bord à bord avec la douleur
Était là comme dans un nid,
Et ses deux yeux nous unissaient
Dans un naissant consentement.
La mort n'avait pas grandi
Malgré des laines ruisselantes,
Et le bonheur pas commencé
A l'écoute de nos présences;
L'herbe était nue et piétinée.

POURQUOI SE RENDRE ?

— Oh! Rencontrée, nos ailes vont côte à côte
Et l'azur leur est fidèle.
Mais qu'est-ce qui brille encore au-dessus de nous?

— Le reflet mourant de notre audace.
Lorsque nous l'aurons parcouru,
Nous n'affligerons plus la terre ;
Nous nous regarderons,

A ***

Tu es mon amour depuis tant d'années,
Mon vertige devant tant d'attente,
Que rien ne peut vieillir, froidir;
Même ce qui attendait notre mort,
Ou lentement sut nous combattre,
Même ce qui nous est étranger,
Et mes éclipses et mes retours.

Fermée comme un volet de buis
Une extrême chance compacte
Est notre chaîne de montagnes,
Notre comprimante splendeur.

Je dis chance, ô ma martelée;
Chacun de nous peut recevoir
La part de mystère de l'autre
Sans en répandre le secret;
Et la douleur qui vient d'ailleurs
Trouve enfin sa séparation
Dans la chair de notre unité,

Trouve enfin sa route solaire
Au centre de notre nuée
Qu'elle déchire et recommence.

Je dis chance comme je le sens.
Tu as élevé le sommet
Que devra franchir mon attente
Quand demain disparaîtra.

LA PAROI ET LA PRAIRIE

LASCAUX

I

Homme-oiseau mort et Bison mourant

Long corps qui eut l'enthousiasme exigeant,
A présent perpendiculaire à la Brute blessée.

O tué sans entrailles!
Tué par celle qui fut tout et, réconciliée, se meurt;
Lui, danseur d'abîme, esprit, toujours à naître,
Oiseau et fruit pervers des magies cruellement
sauvé.

LES CERFS NOIRS.

Les eaux parlaient à l'oreille du ciel.
Cerfs, vous avez franchi l'espace millénaire,
Des ténèbres du roc aux caresses de l'air.

Le chasseur qui vous pousse, le génie qui vous voit,
Que j'aime leur passion, de mon large rivage!
Et si j'avais leurs yeux, dans l'instant où j'espère?

La Bête innommable.

La Bête innommable ferme la marche du gracieux
    troupeau, comme un cyclope bouffe.
Huit quolibets font sa parure, divisent sa folie.
La Bête rote dévotement dans l'air rustique.
Ses flancs bourrés et tombants sont douloureux,
    vont se vider de leur grossesse.
De son sabot à ses vaines défenses, elle est envelop-
    pée de fétidité.

Ainsi m'apparaît dans la frise de Lascaux, mère
    fantastiquement déguisée,
La Sagesse aux yeux pleins de larmes.

JEUNE CHEVAL A LA CRINIÈRE VAPOREUSE.

Que tu es beau, printemps, cheval,
Criblant le ciel de ta crinière,
Couvrant d'écume les roseaux!
Tout l'amour tient dans ton poitrail :
De la Dame blanche d'Afrique
A la Madeleine au miroir,
L'idole qui combat, la grâce qui médite.

TRANSIR

Cette part jamais fixée, en nous sommeillante, d'où jaillira DEMAIN LE MULTIPLE.

L'âge du renne, c'est-à-dire l'âge du souffle. O vitre, ô givre, nature conquise, dedans fleurie, dehors détruite!

Insouciants, nous exaltons et contrecarrons justement la nature et les hommes. Cependant, terreur, au-dessus de notre tête, le soleil entre dans le signe de ses ennemis.

La lutte contre la cruauté profane, hélas, vœu de fourmi ailée. Sera-t-elle notre novation?

Au soleil d'hiver quelques fagots noués et ma flamme au mur.

Terre où je m'endors, espace où je m'éveille, qui viendra quand vous ne serez plus là? (*que deviendrai-je* m'est d'une chaleur presque infinie).

QUATRE FASCINANTS

I

Le Taureau.

Il ne fait jamais nuit quand tu meurs,
Cerné de ténèbres qui crient,
Soleil aux deux pointes semblables.

Fauve d'amour, vérité dans l'épée;
Couple qui se poignarde unique parmi tous.

La Truite.

Rives qui croulez en parure
Afin d'emplir tout le miroir,
Gravier où balbutie la barque
Que le courant presse et retrousse,
Herbe, herbe toujours étirée,
Herbe, herbe jamais en répit,
Que devient votre créature
Dans les orages transparents
Où son cœur la précipita?

III

Le Serpent.

Prince des contresens, fasses que mon amour
En exil analogue à ton bannissement
Échappe aux vieux Seigneur que je hais d'avoir pu,
Après l'avoir troublé, en clair le décevoir.

Revanche à tes couleurs, débonnaire serpent,
Sous le couvert du bois et en toute maison.
Par le lien qui unit la lumière à la peur,
Tu fais semblant de fuir, ô serpent marginal!

IV

L'Alouette.

Extrême braise du ciel et première ardeur du jour,
Elle reste sertie dans l'aurore et chante la terre
    agitée,
Carillon maître de son haleine et libre de sa route.

Fascinante, on la tue en l'émerveillant.

LA MINUTIEUSE

L'inondation s'agrandissait. La campagne rase,
les talus, les menus arbres désunis les uns des autres
s'enfermaient dans des flaques dont quelques-unes
en se joignant devenaient lac. Une alouette au ciel
trop gris chantait. Des bulles çà et là brisaient la surface des eaux à moins que ce ne fût quelque minuscule rongeur ou serpent s'échappant à la nage. La
route encore restait intacte. Les abords d'un village
se montraient. Résolus et heureux nous avancions.
Dans notre errance il faisait beau. Je marchais
entre Toi et cette Autre qui était Toi aussi. Dans
chacune de mes mains je tenais serré votre sein nu.
Des villageois sur le pas de leur porte ou occupés à
quelque besogne de planche nous saluaient avec
faveur. Mes doigts leur cachaient votre merveille.
En cussent-ils été choqués ? L'une de vous s'arrêta
pour causer et pour sourire. Nous continuâmes.
J'avais désormais la nature à ma droite et devant
moi la route. Un bœuf au loin, en son milieu, nous
précédait. La lyre de ses cornes, il me parut, trem-
blait. Je t'aimais. Mais je reprochais à celle qui
était demeurée en chemin, parmi les habitants des

maisons, de se montrer trop familière. Certes, elle ne pouvait figurer parmi nous que ton enfance attardée. Je me rendis à l'évidence. Au village la retiendraient l'école et cette façon qu'ont les communautés aguerries de temporiser avec le danger. Même celui d'inondation. Maintenant, nous avions atteint l'orée de très vieux arbres et la solitude des souvenirs. Je voulus m'enquérir de ton nom éternel et chéri que mon âme avait oublié : « Je suis la Minutieuse. » La beauté des eaux profondes nous endormit.

L'UNE ET L'AUTRE

Qu'as-tu à te balancer sans fin, rosier, par longue
    pluie, avec ta double rose?
Comme deux guêpes mûres elles restent sans vol.
Je les vois de mon cœur, car mes yeux sont fermés.
Mon amour au-dessus des fleurs n'a laissé que
    vent et nuage.

ÉPITAPHE

Enlevé par l'oiseau aux éparses douleurs,
Et laissé aux forêts pour un travail d'amour.

NEUF MERCI

Les palais et les maisons.

Paris est aujourd'hui achevé. J'y vivrai. Mon bras ne lance plus mon âme au loin. J'appartiens.

Dans l'espace.

Le soleil volait bas, aussi bas que l'oiseau. La nuit les éteignit tous deux. Je les aimais.

C'est bien elle.

Terre de basse nuit et des harcèlements.

*

Nuit, mon feuillage et ma glèbe.

La grille.

Je ne suis pas seul parce que je suis abandonné. Je suis seul parce que je suis seul, amande entre les parois de sa closerie.

Les dieux sont de retour, compagnons. Ils viennent à l'instant de pénétrer dans cette vie; mais la parole qui révoque, sous la parole qui déploie, est réapparue, elle aussi, pour ensemble nous faire souffrir.

ARTINE DANS L'ÉCHO.

Notre emmêlement somptueux dans le corps de la voie lactée, chambre au sommet pour notre couple qui dans la nuit ailleurs se glacerait.

BERCEUSE POUR CHAQUE JOUR JUSQU'AU DERNIER.

Nombreuses fois, nombre de fois,
L'homme s'endort, son corps l'éveille;
Puis une fois, rien qu'une fois,
L'homme s'endort et perd son corps.

AUX MIENS.

Je touche à l'étendue et je peux l'enflammer. Je retiens ma largeur, je sais la déployer. Mais que vaut le désir sans votre essaim jaloux? Terne est le bouton d'or sans le ton des prairies.

Lorsque vous surgirez, ma main vous requerra, ma main, petit monstre resté vif. Mais, à la réserve de vous, quelle beauté?... quelle beauté?

L'arbre le plus exposé à l'œil du fusil n'est pas un arbre pour son aile. La remuante est prévenue : elle se fera muette en le traversant. La perche de saule happée est à l'instant cédée par l'ongle de la fugitive. Mais dans la touffe de roseaux où elle amerrit, quelles cavatines ! C'est ici qu'elle chante. Le monde entier le sait !

Été, rivière, espaces, amants dissimulés, toute une lune d'eau la fauvette répète : « Libre, libre, libre, libre... »

CHANT D'INSOMNIE

Amour hélant, l'amoureuse viendra,
Gloria de l'été, ô fruits !
La flèche du soleil traversera ses lèvres,
Le trèfle nu sur sa chair bouclera,
Miniature semblable à l'iris, l'orchidée,
Cadeau le plus ancien des prairies au plaisir
Que la cascade instille, que la bouche délivre.

LE DEUIL DES NÉVONS

Pour un violon, une flûte et un écho.

Un pas de jeune fille
A caressé l'allée,
A traversé la grille.

Dans le parc des Névons
Les sauterelles dorment.
Gelée blanche et grêlons
Introduisent l'automne.

C'est le vent qui décide
Si les feuilles seront
A terre avant les nids.

*

Vite! Le souvenir néglige
Qui lui posa ce front,
Ce large coup d'œil, cette verse,
Balancement de méduse
Au-dessus du temps profond.

Il est l'égal des verveines,
Chaque été coupées ras,
Le temps où la terre sème.

*

La fenêtre et le parc,
Le platane et le toit
Lançaient charges d'abeilles,
Du pollen au rayon,
De l'essaim à la fleur.

Un libre oiseau voilier,
Planant pour se nourrir,
Proférait des paroles
Comme un hardi marin.

Quand le lit se fermait
Sur tout mon corps fourbu,
De beaux yeux s'en allaient
De l'ouvrage vers moi.

L'aiguille scintillait;
Et je sentais le fil
Dans le trésor des doigts
Qui brodaient la batiste.

Ah! lointain est cet âge.

Que d'années à grandir,
Sans père pour mon bras!

Tous ses dons répandus,
La rivière chérie
Subvenait aux besoins.
Peupliers et guitares
Ressuscitaient au soir
Pour fêter ce prodige
Où le ciel n'avait part.

Un faucheur de prairie
S'élevant, se voûtant,
Piquait les hirondelles,
Sans fin silencieux.

Sa quille retenue
Au limon de l'îlot,
Une barque était morte.

L'heure entre classe et nuit,
La ronce les serrant,
Des garnements confus
Couraient, cruels et sourds.
La brume les sautait,
De glace et maternelle.
Sur le bambou des jungles
Ils s'étaient modelés,
Chers roseaux voltigeants!

*

Le jardinier invalide sourit
Au souvenir de ses outils perdus,
Au bois mort qui se multiplie.

*

Le bien qu'on se partage,
Volonté d'un défunt,
A broyé et détruit
La pelouse et les arbres,
La paresse endormie,
L'espace ténébreux
De mon parc des Névons.

Puisqu'il faut renoncer
A ce qu'on ne peut retenir,
Qui devient autre chose
Contre ou avec le cœur, —
L'oublier rondement,

Puis battre les buissons
Pour chercher sans trouver
Ce qui doit nous guérir
De nos maux inconnus
Que nous portons partout.

L'INOFFENSIF

Je pleure quand le soleil se couche parce qu'il te dérobe à ma vue et parce que je ne sais pas m'accorder avec ses rivaux nocturnes. Bien qu'il soit au bas et maintenant sans fièvre, impossible d'aller contre son déclin, de suspendre son effeuillaison, d'arracher quelque envie encore à sa lueur moribonde. Son départ te fond dans son obscurité comme le limon du lit se délaye dans l'eau du torrent par-delà l'éboulis des berges détruites. Dureté et mollesse au ressort différent ont alors des effets semblables. Je cesse de recevoir l'hymne de ta parole, soudain tu n'apparais plus entière à mon côté, ce n'est pas le fuseau nerveux de ton poignet que tient ma main mais la branche creuse d'un quelconque arbre mort et déjà débité. On ne met plus un nom à rien, qu'au frisson. Il fait nuit. Les artifices qui s'allument me trouvent aveugle.

Je n'ai pleuré en vérité qu'une seule fois. Le soleil en disparaissant avait coupé ton visage. Ta tête avait roulé dans la fosse du ciel et je ne croyais plus au lendemain.

Lequel est l'homme du matin et lequel celui des ténèbres ?

LE MORTEL PARTENAIRE

A Maurice Blanchot.

Il la défiait, s'avançait vers son cœur, comme un boxeur ourlé, ailé et puissant, bien au centre de la géométrie attaquante et défensive de ses jambes. Il pesait du regard les qualités de l'adversaire qui se contentait de rompre, cantonné entre une virginité agréable et son expérience. Sur la blanche surface où se tenait le combat, tous deux oubliaient les spectateurs inexorables. Dans l'air de juin voltigeait le prénom des fleurs du premier jour de l'été. Enfin une légère grimace courut sur la joue du second et une raie rose s'y dessina. La riposte jaillit sèche et conséquente. Les jarrets soudain comme du linge étendu, l'homme flotta et tituba. Mais les poings en face ne poursuivirent pas leur avantage, renoncèrent à conclure. A présent les têtes meurtries des deux battants dodelinaient l'une contre l'autre. A cet instant le premier dut à dessein prononcer à l'oreille du second des paroles si parfaitement offensantes, ou appropriées, ou énigmatiques, que de celui-ci fila, prompte, totale, précise, une foudre qui coucha net l'incompréhensible combattant.

Certains êtres ont une signification qui nous manque. Qui sont-ils? Leur secret tient au plus profond du secret même de la vie. Ils s'en approchent. Elle les tue. Mais l'avenir qu'ils ont ainsi éveillé d'un murmure, les devinant, les crée. O dédale de l'extrême amour!

FRONT DE LA ROSE

Malgré la fenêtre ouverte dans la chambre au long congé, l'arôme de la rose reste lié au souffle qui fut là. Nous sommes une fois encore sans expérience antérieure, nouveau-venus, épris. La rose! Le champ de ses allées éventerait même la hardiesse de la mort. Nulle grille qui s'oppose. Le désir vit, mal de nos fronts évaporés.

Celui qui marche sur la terre des pluies n'a rien à redouter de l'épine dans les lieux finis ou hostiles. Mais s'il s'arrête et se recueille, malheur à lui! Blessé au vif, aussitôt il vole en cendres, archer repris par la beauté.

LA DOUBLE TRESSE

CHAUME DES VOSGES.

Beauté, ma toute-droite, par des routes si ladres,
A l'étape des lampes et du courage clos,
Que je me glace et q   tu sois ma femme de
    décembre.
Ma vie future, c'est ton visage quand tu dors.

(1939.)

SUR LA PAUME DE DABO.

Va mon baiser, quitte le frêle gîte,
Ton amour est trouvé, un bouleau te le tend.
La résinc d'été et la neige d'hiver
Ont pris garde.

(Été 1953.)

LE VIPÉREAU

Il glisse contre la mousse du caillou comme le jour cligne à travers le volet. Une goutte d'eau pourrait le coiffer, deux brindilles le revêtir. Ame en peine d'un bout de terre et d'un carré de buis, il en est, en même temps, la dent maudite et déclive. Son vis-à-vis, son adversaire, c'est le petit matin qui, après avoir tâté la courtepointe et avoir souri à la main du dormeur, lâche sa fourche et file au plafond de la chambre. Le soleil, second venu, l'embellit d'une lèvre friande.

Le vipéreau restera froid jusqu'à la mort nombreuse, car n'étant d'aucune paroisse, il est meurtrier devant toutes.

BONNE GRACE D'UN TEMPS D'AVRIL

(La passante de Sceaux.)

Mèches, au dire du regard,
Désir simple de parole;
Ah! jongle, seigneurie du cou
Avec la souveraine bouche,
Avec le bûcher allumé
Au-dessous du front dominant.

J'aimerais savoir vous mentir
Comme le tison ment aux cendres,
Mèches, qui volez sans m'entendre
Sur le théâtre d'un instant.

VERMILLON

A un peintre qui m'interrogeait.

Qu'elle vienne, maîtresse, à ta marche inclinée,
Ou qu'elle appelle de la brume du bois;
Qu'en sa chambre elle soit prévenue et suivie,
Épouse à son carreau, fusée inaperçue;
Sa main, fendant la mer et caressant tes doigts,
Déplace de l'été la borne invariable.

La tempête et la nuit font chanter, je l'entends,
Dans le fer de tes murs le galet d'Agrigente.

Fontainier, quel dépit de ne pouvoir tirer de son
    caveau mesquin
La source, notre endroit!

MARMONNEMENT

Pour ne pas me rendre et pour m'y retrouver, je t'offense; mais combien je suis épris de toi, loup, qu'on dit à tort funèbre, pétri des secrets de mon arrière-pays. C'est dans une masse d'amour légendaire que tu laisses la déchaussure vierge, pourchassée de ton ongle. Loup, je t'appelle, mais tu n'as pas de réalité nommable. De plus, tu es inintelligible. Non-comparant, compensateur, que sais-je? Derrière ta course sans crinière, je saigne, je pleure, je m'enserre de terreur, j'oublie, je ris sous les arbres. Traque impitoyable où l'on s'acharne, où tout est mis en action contre la double proie : toi invisible et moi vivace.

Continue, va, nous durons ensemble; et ensemble, bien que séparés, nous bondissons par-dessus le frisson de la suprême déception pour briser la glace des eaux vives et se reconnaître là.

LA CHAMBRE DANS L'ESPACE

Tel le chant du ramier quand l'averse est prochaine — l'air se poudre de pluie, de soleil revenant —, je m'éveille lavé, je fonds en m'élevant; je vendange le ciel novice.

Allongé contre toi, je meus ta liberté. Je suis un bloc de terre qui réclame sa fleur.

Est-il gorge menuisée plus radieuse que la tienne? Demander c'est mourir!

L'aile de ton soupir met un duvet aux feuilles. Le trait de mon amour ferme ton fruit, le boit.

Je suis dans la grâce de ton visage que mes ténèbres couvrent de joie.

Comme il est beau ton cri qui me donne ton silence!

RAPPORT DE MARÉE

Terre et ciel ont-ils renoncé à leurs féeries sai-
sonnières, à leurs palabres subtiles? Se sont-ils sou-
mis? Pas plus celle-ci que celui-là n'ont encore,
il semble, de projets pour eux, de bonheur pour
nous.

Une branche s'éveille aux paroles dorées de la
lampe, une branche dans une eau fade, un rameau
sans avenir. Le regard s'en saisit, voyage. Puis, de
nouveau, tout languit, patiente, se balance et
souffre. L'acanthe simule la mort. Mais, cette fois,
nous ne ferons pas route ensemble.

Bien-aimée, derrière ma porte?

INVITATION

J'appelle les amours qui roués et suivis par la faulx de l'été, au soir embaument l'air de leur blanche inaction.

Il n'y a plus de cauchemar, douce insomnie perpétuelle. Il n'y a plus d'aversion. Que la pause d'un bal dont l'entrée est partout dans les nuées du ciel.

Je viens avant la rumeur des fontaines, au final du tailleur de pierre.

Sur ma lyre mille ans pèsent moins qu'un mort.

J'appelle les amants.

LE RISQUE ET LE PENDULE

A René Ménard.

Toi qui ameutes et qui passes entre l'épanouie et le voltigeur, sois celui pour qui le papillon touche les fleurs du chemin.

Reste avec la vague à la seconde où son cœur expire. Tu verras.

Sensible aussi à la salive du rameau.

Sans plus choisir entre oublier et bien apprendre.

Puisses-tu garder au vent de ta branche tes amis essentiels.

Elle transporte le verbe, l'abeille frontalière qui, à travers haines ou embuscades, va pondre son miel sur la passade d'un nuage.

La nuit ne s'étonne plus du volet que l'homme tire.

Une poussière qui tombe sur la main occupée à tracer le poème, les foudroie, poème et main.

VICTOIRE ÉCLAIR

L'oiseau bêche la terre,
Le serpent sème,
La mort améliorée
Applaudit la récolte.

Pluton dans le ciel!

L'explosion en nous.
Là seulement dans moi.
Fol et sourd comment pourrais-je l'être davantage?

Plus de second soi-même, de visage changeant,
   plus de saison pour la flamme et de saison pour
   l'ombre!

Avec la lente neige descendent les lépreux.

Soudain l'amour, l'égal de la terreur,
D'une main jamais vue arrête l'incendie, redresse
le soleil, reconstruit l'Amie.

Rien n'annonçait une existence si forte.

LE BOIS DE L'EPTE

Je n'étais ce jour-là que deux jambes qui marchent.
Aussi, le regard sec, le nul au centre du visage,
Je me mis à suivre le ruisseau du vallon.
Bas coureur, ce fade ermite ne s'immisçait pas
Dans l'informe où je m'étendais toujours plus
    avant.

Venus du mur d'angle d'une ruine laissée jadis par
    l'incendie,
Plongèrent soudain dans l'eau grise
Deux rosiers sauvages pleins d'une douce et
    inflexible volonté.
Il s'y devinait comme un commerce d'êtres dispa-
rus, à la veille de s'annoncer encore.

Le rauque incarnat d'une rose, en frappant l'eau,
Rétablit la face première du ciel avec l'ivresse des
    questions,
Éveilla au milieu des paroles amoureuses la terre,
Me poussa dans l'avenir comme un outil affamé et
    fiévreux.

Le bois de l'Epte commençait un tournant plus
loin.
Mais je n'eus pas à le traverser, le cher grainetier
du relèvement!
Je humai, sur le talon du demi-tour, le remugle des
prairies où fondait une bête,
J'entendis glisser la peureuse couleuvre;
De chacun — ne me traitez pas durement — j'ac-
complissais, je le sus, les souhaits.

TOUTE VIE...

Toute vie qui doit poindre
    achève un blessé.
    Voici l'arme,
       rien,
vous, moi, réversiblement
      ce livre,
    et l'énigme
qu'à votre tour vous deviendrez
dans le caprice amer des sables.

TU ES PRESSÉ D'ÉCRIRE...

(1935)

Tu es pressé d'écrire
Comme si tu étais en retard sur la vie
S'il en est ainsi fais cortège à tes sources
Hâte-toi
Hâte-toi de transmettre
Ta part de merveilleux de rébellion de bienfaisance
Effectivement tu es en retard sur la vie
La vie inexprimable
La seule en fin de compte à laquelle tu acceptes de t'unir
Celle qui t'est refusée chaque jour par les êtres et par les
    choses
Dont tu obtiens péniblement de-ci de-là quelques frag-
    ments décharnés
Au bout de combats sans merci
Hors d'elle tout n'est qu'agonie soumise fin grossière
Si tu rencontres la mort durant ton labeur
Reçois-là comme la nuque en sueur trouve bon le mouchoir
    aride
En t'inclinant
Si tu veux rire
Offre ta soumission
Jamais tes armes

Tu as été créé pour des moments peu communs
Modifie-toi disparais sans regret
Au gré de la rigueur suave
Quartier suivant quartier la liquidation du monde se
    poursuit
Sans interruption
Sans égarement

Essaime la poussière
Nul ne décèlera votre union.

PARTAGE FORMEL

(1942)

*Mes sœurs, voici l'eau du
sacre qui pénètre toujours plus
étroite au cœur de l'été.*

I

L'imagination consiste à expulser de la réalité plusieurs personnes incomplètes pour, mettant à contribution
les puissances magiques et subversives du désir, obtenir
leur retour sous la forme d'une présence entièrement satis-
faisante. C'est alors l'inextinguible réel incréé.

II

Ce dont le poète souffre le plus dans ses rapports avec
le monde, c'est du manque de justice interne. La vitre-
cloaque de Caliban derrière laquelle les yeux tout-puis-
sants et sensibles d'Ariel s'irritent.

III

Le poète transforme indifféremment la défaite en victoire, la victoire en défaite, empereur pré-natal seulement
soucieux du recueil de l'azur.

Quelquefois sa réalité n'aurait aucun sens pour lui si le poète n'influençait pas en secret le récit des exploits de celle des autres.

Magicien de l'insécurité, le poète n'a que des satisfactions adoptives. Cendre toujours inachevée.

Derrière l'œil fermé d'une de ces Lois préfixes qui ont pour notre désir des obstacles sans solution, parfois se dissimule un soleil arriéré dont la sensibilité de fenouil à notre contact violemment s'épanche et nous embaume. L'obscurité de sa tendresse, son entente avec l'inespéré, noblesse lourde qui suffit au poète.

Le poète doit tenir la balance égale entre le monde physique de la veille et l'aisance redoutable du sommeil; les lignes de la connaissance dans lesquelles il couche le corps subtil du poème allant indistinctement de l'un à l'autre de ces états différents de la vie.

Chacun vit jusqu'au soir qui complète l'amour. Sous l'autorité harmonieuse d'un prodige commun à tous, la destinée particulière s'accomplit jusqu'à la solitude, jusqu'à l'oracle.

IX

A DEUX MÉRITES. — *Héraclite, Georges de La Tour, je vous sais gré d'avoir de longs moments poussé dehors de chaque pli de mon corps singulier ce leurre : la condition humaine incohérente, d'avoir tourné l'anneau dévêtu de la femme d'après le regard du visage de l'homme, d'avoir rendu agile et recevable ma dislocation, d'avoir dépensé vos forces à la couronne de cette conséquence sans mesure de la lumière absolument impérative : l'action contre le réel, par tradition signifiée, simulacre et miniature.*

X

Il convient que la poésie soit inséparable du prévisible, mais non encore formulé.

XI

Peut-être la guerre civile, nid d'aigle de la mort enchantée ? O rayonnant buveur d'avenir mort!

XII

Disposer en terrasses successives des valeurs poétiques tenables en rapports prémédités avec la pyramide du Chant à l'instant de se révéler, pour obtenir cet absolu inextinguible, ce rameau du premier soleil : le feu non-vu, indécomposable.

XIII

Fureur et mystère tour à tour le séduisirent et le consumèrent. Puis vint l'année qui acheva son agonie de saxifrage.

XIV

Gravitaient autour de son pain aigre les circonstances des rebondissements, des renaissances, des foudroiements et des nages incrustantes dans la fontaine de Saint-Allyre.

XV

En poésie, combien d'initiés engagent encore de nos jours, sur un hippodrome situé dans l'été luxueux, parmi les nobles bêtes sélectionnées, un cheval de corrida dont les entrailles fraîchement recousues palpitent de poussières répugnantes! Jusqu'à ce que l'embolie dialectique qui frappe tout poème frauduleusement élaboré fasse justice dans la personne de son auteur de cette impropriété inadmissible.

Le poème est toujours marié à quelqu'un.

Héraclite met l'accent sur l'exaltante alliance des contraires. Il voit en premier lieu en eux la condition parfaite et le moteur indispensable à produire l'harmonie. En poésie, il est advenu qu'au moment de la fusion de ces contraires surgissait un impact sans origine définie dont l'action dissolvante et solitaire provoquait le glissement des abîmes qui portent de façon si antiphysique le poème. Il appartient au poète de couper court à ce danger en faisant intervenir soit un élément traditionnel à raison éprouvée, soit le feu d'une démiurgie si miraculeuse qu'elle annule le trajet de cause à effet. Le poète peut alors voir les contraires — ces mirages ponctuels et tumultueux — aboutir, leur lignée immanente se personnifier, *poésie et vérité, comme nous savons, étant synonymes.*

Adoucis ta patience, mère du Prince. Telle jadis tu aidais à nourrir le lion de l'opprimé.

Homme de la pluie et enfant du beau temps, vos mains de défaite et de progrès me sont également nécessaires.

De ta fenêtre ardente, reconnais dans les traits de ce bûcher subtil le poète, tombereau de roseaux qui brûlent et que l'inespéré escorte.

En poésie, c'est seulement à partir de la communication et de la libre-disposition de la totalité des choses entre elles à travers nous que nous nous trouvons engagés et définis, à même d'obtenir notre forme originale et nos propriétés probatoires.

A l'âge d'homme j'ai vu s'élever et grandir sur le mur mitoyen de la vie et de la mort une échelle de plus en plus nue, investie d'un pouvoir d'évulsion unique : le rêve. Ses barreaux, à partir d'un certain progrès, ne soutenaient plus les lisses épargnants du sommeil. Après la brouillonne vacance de la profondeur injectée dont les figures chaotiques servirent de champ à l'inquisition d'hommes bien doués mais incapables de toiser l'universalité du drame, voici que l'obscurité s'écarte et que VIVRE devient, sous la forme d'un âpre ascétisme allégorique, la conquête des pouvoirs extraordinaires dont nous nous sentons profusément traversés mais que nous n'exprimons qu'incomplètement faute de loyauté, de discernement cruel et de persévérance.

Compagnons pathétiques qui murmurez à peine, allez

la lampe éteinte et rendez les bijoux. Un mystère nouveau
chante dans vos os. Développez votre étrangeté légitime.

XXIII

Je suis le poète, meneur de puits tari, que tes lointains,
ô mon amour, approvisionnent.

XXIV

Par un travail physique intense on se maintient au
niveau du froid extérieur et, ce faisant, on supprime le risque
d'être annexé par lui ; ainsi, à l'heure du retour au réel
non suscité par notre désir, lorsque le temps est venu de
confier à son destin le vaisseau du poème, nous nous trou-
vons dans une situation analogue. Les roues — ces gra-
vats — de notre moulin pétrifié s'élancent, raclant des
eaux basses et difficiles. Notre effort réapprend des sueurs
proportionnelles. Et nous allons, lutteurs à terre mais
jamais mourants, au milieu de témoins qui nous exas-
pèrent et de vertus indifférentes.

XXV

Refuser la goutte d'imagination qui manque au néant,
c'est se vouer à la patience de rendre à l'éternel le mal qu'il
nous fait.
O urne de laurier dans un ventre d'aspic !

XXVI

Mourir, ce n'est jamais que contraindre sa conscience, au moment même où elle s'abolit, à prendre congé de quelques quartiers physiques actifs ou somnolents d'un corps qui nous fut passablement étranger puisque sa connaissance ne nous vint qu'au travers d'expédients mesquins et sporadiques. Gros bourg sans grâce au brouhaha duquel s'employaient des habitants modérés... Et au-dessus de cet atroce hermétisme s'élançait une colonne d'ombre à face voûtée, endolorie et à demi aveugle, de loin en loin — ô bonheur — scalpée par la foudre.

XXVII

Terre mouvante, horrible, exquise et condition humaine hétérogène se saisissent et se qualifient mutuellement. La poésie se tire de la somme exaltée de leur moire.

XXVIII

Le poète est l'homme de la stabilité unilatérale.

XXIX

Le poème émerge d'une imposition subjective et d'un choix objectif.

Le poème est une assemblée en mouvement de valeurs originales déterminantes en relations contemporaines avec quelqu'un que cette circonstance fait premier.

XXX

Le poème est l'amour réalisé du désir demeuré désir.

XXXI

Certains réclament pour elle le sursis de l'armure; leur blessure a le spleen d'une éternité de tenailles. Mais la poésie qui va nue sur ses pieds de roseau, sur ses pieds de caillou, ne se laisse réduire nulle part. Femme, nous baisons le temps fou sur sa bouche; ou, côte à côte avec le grillon zénithal, elle chante la nuit de l'hiver dans la pauvre boulangerie, sous la mie d'un pain de lumière.

XXXII

Le poète ne s'irrite pas de l'extinction hideuse de la mort, mais confiant en son toucher particulier transforme toute chose en laines prolongées.

XXXIII

Au cours de son action parmi les essarts de l'universalité du Verbe, le poète intègre, avide, impressionnable et téméraire se gardera de sympathiser avec les entreprises qui aliènent le prodige de la liberté en poésie, c'est-à-dire de l'intelligence dans la vie.

XXXIV

Un être qu'on ignore est un être infini, susceptible, en intervenant, de changer notre angoisse et notre fardeau en aurore artérielle.

Entre innocence et connaissance, amour et néant, le poète étend sa santé chaque jour.

XXXV

Le poète en traduisant l'intention en acte inspiré, en convertissant un cycle de fatigues en fret de résurrection, fait entrer l'oasis du froid par tous les pores de la vitre de l'accablement et crée le prisme, hydre de l'effort, du merveilleux, de la rigueur et du déluge, ayant tes lèvres pour sagesse et mon sang pour retable.

XXXVI

Le logement du poète est des plus vagues; le gouffre d'un feu triste soumissionne sa table de bois blanc.

La vitalité du poète n'est pas une vitalité de l'au-delà mais un point diamanté actuel de présences transcendantes et d'orages pèlerins.

XXXVII

Il ne dépend que de la nécessité et de votre volupté qui me créditent que j'aie ou non le *Visage de l'échange.*

XXXVIII

Les dès aux minutes comptées, les dès inaptes à étreindre, parce qu'ils sont naissance et vieillesse.

XXXIX

Au seuil de la pesanteur, le poète comme l'araignée construit sa route dans le ciel. En partie caché à lui-même, il apparaît aux autres, dans les rayons de sa ruse inouïe, mortellement visible.

XL

Traverser avec le poème la pastorale des déserts, le don de soi aux furies, le feu moisissant des larmes. Courir sur ses talons, le prier, l'injurier. L'identifier comme étant l'expression de son génie ou encore l'ovaire écrasé de son appauvrissement. Par une nuit, faire irruption à sa suite, enfin, dans les noces de la grenade cosmique.

XLI

Dans le poète deux évidences sont incluses : la première livre d'emblée tout son sens sous la variété des formes dont le réel extérieur dispose; elle est rarement creusante, est seulement pertinente; la seconde se trouve insérée dans le poème; elle dit le commandement et l'exégèse des dieux puissants et fantasques qui habitent le poète, évidence indurée qui ne se flétrit ni ne s'éteint. Son hégémonie est attributive. Prononcée, elle occupe une étendue considérable.

Être poète, c'est avoir de l'appétit pour un malaise dont la consommation, parmi les tourbillons de la totalité des choses existantes et pressenties, provoque, au moment de se clore, la félicité.

Le poème donne et reçoit de sa multitude l'entière démarche du poète s'expatriant de son huis clos. Derrière cette persienne de sang brûle le cri d'une force qui se détruira elle seule parce qu'elle a horreur de la force, sa sœur subjective et stérile.

Le poète tourmente à l'aide d'injaugeables secrets la forme et la voix de ses fontaines.

Le poète est la genèse d'un être qui projette et d'un être qui retient. A l'amant, il emprunte le vide; à la bien-aimée, la lumière. Ce couple formel, cette double sentinelle lui donnent pathétiquement sa voix.

Inexpugnable sous sa tente de cyprès, le poète, pour se convaincre et se guider, ne doit pas craindre de se servir de toutes les clefs accourues dans sa main. Cependant, il ne doit pas confondre une animation de frontières avec un horizon révolutionnaire.

XLVII

Reconnaître deux sortes de possible : le possible diurne et le possible prohibé. Rendre, s'il se peut, le premier l'égal du second; les mettre sur la voie royale du fascinant impossible, degré le plus haut du compréhensible.

XLVIII

Le poète recommande : « Penchez-vous, penchez-vous davantage. » Il ne sort pas toujours indemne de sa page, mais comme le pauvre il sait tirer parti de l'éternité d'une olive.

XLIX

A chaque effondrement des preuves le poète répond par une salve d'avenir.

L

Toute respiration propose un règne : la tâche de persécuter, la décision de maintenir, la fougue de rendre libre. Le poète partage dans l'innocence et dans la pauvreté la condition des uns, condamne et rejette l'arbitraire des autres.

Toute respiration propose un règne : jusqu'à ce que soit rempli le destin de cette tête monotype qui pleure, s'obstine et se dégage pour se briser dans l'infini, hure de l'imaginaire.

LI

Certaines époques de la condition de l'homme subissent l'assaut glacé d'un mal qui prend appui sur les points les plus déshonorés de la nature humaine. Au centre de cet ouragan le poète complétera par le refus de soi le sens de son message, puis se joindra au parti de ceux qui, ayant ôté à la souffrance son masque de légitimité, assurent le retour éternel de l'entêté portefaix, passeur de justice.

LII

Cette forteresse épanchant la liberté par toutes ses poternes, cette fourche de vapeur qui tient dans l'air un corps d'une envergure prométhéenne que la foudre illumine et évite, c'est le poème, aux caprices exorbitants, qui dans l'instant nous obtient puis s'efface.

LIII

Après la remise de ses trésors (tournoyant entre deux ponts) et l'abandon de ses sueurs, le poète, la moitié du corps, le sommet du souffle dans l'inconnu, le poète n'est plus le reflet d'un fait accompli. Plus rien ne le mesure, ne le lie. La ville sereine, la ville imperforée est devant lui.

228

LIV

Debout, croissant dans la durée, le poème, mystère qui intronise. A l'écart, suivant l'allée de la vigne commune, le poète, grand Commenceur, le poète intransitif, quelconque en ses splendeurs intraveineuses, le poète tirant le malheur de son propre abîme, avec la Femme à son côté s'informant du raisin rare.

Sans doute appartient-il à cet homme, de fond en comble aux prises avec le Mal dont il connaît le visage vorace et médullaire, de transformer le fait fabuleux en fait historique. Notre conviction inquiète ne doit pas le dénigrer mais l'interroger, nous, fervents tueurs d'êtres réels dans la personne successive de notre chimère. Magie médiate, imposture, il fait encore nuit, j'ai mal, mais tout fonctionne à nouveau.

L'évasion dans son semblable, avec d'immenses perspectives de poésie, sera peut-être un jour possible.

MISSION ET RÉVOCATION.

Devant les précaires perspectives d'alchimie du dieu détruit — inaccompli dans l'expérience — je vous regarde formes douées de vie, choses inouïes, choses quelconques, et j'interroge : « Commandement interne ? Sommation du dehors ? » La terre s'éjecte de ses parenthèses illettrées. Soleil et nuit dans un or identique parcourent et négocient l'espace-esprit, la chair-muraille. Le cœur s'évanouit... Ta réponse, connaissance, ce n'est plus la mort, université suspensive.

ARGUMENT

(1946)

Comment vivre sans inconnu devant soi?

Les hommes d'aujourd'hui veulent que le poème soit à l'image de leur vie, faite de si peu d'égards, de si peu d'espace, et brûlée d'intolérance.

Parce qu'il ne leur est plus loisible d'agir suprêmement, dans cette préoccupation fatale de se détruire par son semblable, parce que leur inerte richesse les freine et les enchaîne, les hommes d'aujourd'hui, l'instinct affaibli, perdent, tout en se gardant vivants, jusqu'à la poussière de leur nom.

Né de l'appel du devenir et de l'angoisse de la rétention, le poème, s'élevant de son puits de boue et d'étoiles, témoignera presque silencieusement, qu'il n'était rien en lui qui n'existât vraiment ailleurs, dans ce rebelle et solitaire monde des contradictions.

(LE POÈME PULVÉRISÉ.)

ROUGEUR DES MATINAUX

(1948)

Extraits.

A Henry Mathieu.

Accolade à celui qui, émergeant de sa fatigue et de sa sueur, s'avancera et me dira : « Je suis venu pour te tromper. »

O grande barre noire, en route vers ta mort, pourquoi serait-ce toujours à toi de montrer l'éclair ?

I

L'état d'esprit du soleil levant est allégresse malgré le jour cruel et le souvenir de la nuit. La teinte du caillot devient la rougeur de l'aurore.

II

Quand on a mission d'éveiller, on commence par faire sa toilette dans la rivière. Le premier enchantement comme le premier saisissement sont pour soi.

III

Impose ta chance, serre ton bonheur et va vers ton risque. A te regarder, ils s'habitueront.

V

La sagesse est de ne pas s'agglomérer, mais dans la création et dans la nature communes, de trouver notre nombre, notre réciprocité, nos différences, notre passage, notre vérité et ce peu de désespoir qui en est l'aiguillon et le mouvant brouillard.

VI

Allez à l'essentiel : n'avez-vous pas besoin de jeunes arbres pour reboiser votre forêt ?

VII

L'intensité est silencieuse. Son image ne l'est pas. (J'aime qui m'éblouit puis accentue l'obscur à l'intérieur de moi.)

VIII

Combien souffre ce monde, pour devenir celui de l'homme, d'être façonné entre les quatre murs d'un livre ! Qu'il soit ensuite remis aux mains de spéculateurs et d'extravagants qui le pressent d'avancer plus vite que son propre mouvement, comment ne pas voir là plus que de la malchance ? Combattre vaille que vaille cette fatalité à l'aide de sa magie, ouvrir dans l'aile de la route, de ce qui en tient lieu, d'insatiables randonnées, c'est la tâche des Matinaux. La mort n'est qu'un sommeil entier et pur avec le signe plus qui le pilote et l'aide à fendre le flot du devenir. Qu'as-tu à t'alarmer de ton état alluvial ?

IX

Il faut souffler sur quelques lueurs pour faire de la bonne lumière. Beaux yeux brûlés parachèvent le don.

X

Femelle redoutable, elle porte la rage dans sa morsure et un froid mortel dans ses flancs, cette connaissance qui, partie d'une noble ambition, finit par trouver sa mesure dans nos larmes et dans notre jugulation. Ne vous méprenez pas, ô vous entre les meilleurs dont elle convoite le bras et guette la défaillance.

XI

A toute pression de rompre avec nos chances, notre morale, et de nous soumettre à tel modèle simplificateur, ce qui ne doit rien à l'homme, mais nous veut du bien, nous exhorte : « Insurgé, insurgé, insurgé... »

XII

L'aventure personnelle, l'aventure prodiguée, communauté de nos aurores.

XIII

Conquête et conservation indéfinie de cette conquête en avant de nous qui murmure notre naufrage, déroute notre déception.

XIV

Nous avons cette particularité parfois de nous balancer en marchant. Le temps nous est léger, le sol nous est facile, notre pied ne tourne qu'à bon escient.

XVI

Entre ton *plus grand bien et* leur *moindre mal rougeoie la poésie.*

XVII

L'essaim, l'éclair et l'anathème, trois obliques d'un même sommet.

XVIII

Se tenir fermement sur terre, et, avec amour, donner le bras à un fruit non accepté de ceux qui vous appuient; édifier ce qu'on croit sa maison, sans le concours de la première pierre, de la dernière tuile, qui toujours inconcevablement feront faute, c'est la malédiction.

XIX

Ne te plains pas de vivre plus près de la mort que les mortels.

XX

Il semble que l'on naît toujours à mi-chemin du commencement et de la fin du monde. Nous grandissons en révolte ouverte presque aussi furieusement contre ce qui nous entraîne que contre ce qui nous retient.

XXI

Imite le moins possible les hommes dans leur énigmatique maladie de faire des nœuds.

XXIV

Quand le navire s'engloutit, sa voilure se sauve à l'intérieur de nous. Elle mâte sur notre sang. Sa neuve impatience se concentre pour d'autres obstinés voyages. N'est-ce pas, vous, qui êtes aveugle sur la mer? Vous qui vacillez dans tout ce bleu, ô tristesse dressée aux vagues les plus loin?

XXV

Nous sommes des passants appliqués à passer, donc à jeter le trouble, à infliger notre chaleur, à dire notre exubérance. Voilà pourquoi nous intervenons! Voilà pourquoi nous sommes intempestifs et insolites! Notre aigrette n'y est pour rien. Notre utilité est tournée contre l'employeur.

XXVI

Je puis désespérer de moi et garder mon espoir en Vous. Je suis tombé de mon éclat et la mort vue de tous, vous ne la marquez pas, fougère dans le mur, promeneuse à mon bras.

XXVII

Enfin si tu détruis, que ce soit avec des outils nuptiaux.

DE MOMENT EN MOMENT

(1949)

Pourquoi ce chemin plutôt que cet autre ? Où mène-t-il pour nous solliciter si fort ? Quels arbres et quels amis sont vivants derrière l'horizon de ses pierres, dans le lointain miracle de la chaleur ? Nous sommes venus jusqu'ici car là où nous étions ce n'était plus possible. On nous tourmentait et on allait nous asservir. Le monde, de nos jours, est hostile aux Transparents. Une fois de plus, il a fallu partir... Et ce chemin, qui ressemblait à un long squelette, nous a conduit à un pays qui n'avait que son souffle pour escalader l'avenir. Comment montrer, sans les trahir, les choses simples dessinées entre le crépuscule et le ciel ? Par la vertu de la vie obstinée, dans la boucle du Temps artiste, entre la mort et la beauté.

A UNE SÉRÉNITÉ CRISPÉE

(1950)

Extraits.

Nous sommes, ce jour, plus près du sinistre que le tocsin lui-même, c'est pourquoi il est grand temps de nous composer une santé du malheur. Dût-elle avoir l'apparence de l'arrogance du miracle.

Produire (travailler) selon les lois de l'utilité, mais que cet utile ne serve à travers tous qu'à la personne de la poésie. (Valable pour un, un encore, un ensuite, un tout seul... Ah! s'efforcer ici de n'être pas nouveau — fameux — mais de retoucher au même fer pour s'assurer de son regain guérisseur.)

*

L'appétit de quelques esprits a complètement détraqué l'estomac des hommes. Pourquoi cette perte de noblesse entre la révélation et la communication? Comment l'éviter?

*

Seule est émouvante l'orée de la connaissance. (Une intimité trop persistante avec l'astre, les commodités sont mortelles.)

*

Le devoir d'un Prince est, durant la trêve des saisons et la sieste des heureux, de produire un Art à l'aide des nuages, un Art qui soit issu de la douleur et conduise à la douleur.

*

L'essentiel est sans cesse menacé par l'insignifiant. Cycle bas.

*

L'acte poignant et si grave d'écrire quand l'angoisse se soulève sur un coude pour observer et que notre bonheur s'engage nu dans le vent du chemin.

*

Belles filles de la terre, fontaines de félicité, qu'on baise, qu'on chavire, qu'on pénètre, qu'on disloque jusqu'au laconisme, pourquoi hélez-vous encore, ruines parfumées ?

*

Salut, poussière mienne, salut d'avance, joyeuse, devant les pattes du scarabée.

*

Après l'ultime distorsion, nous sommes parvenus sur la crête de la connaissance. Voici la minute du considérable danger : l'extase devant le vide, l'extase neuve devant le vide frais.

*

Toute association de mots encourage son démenti, court le soupçon d'imposture. La tâche de la poésie, à travers son œil et sur la langue de son palais, est de faire disparaître cette aliénation en la prouvant dérisoire.

*

L'oiseau et l'arbre sont conjoints en nous. L'un va et vient, l'autre maugrée et pousse.

*

Nous sommes de ceux qui regardent à dessein par la portière du wagon car nous aimons cette seconde si chargée qui brûle encore après que ce qui nous emporte a fui. Ah! le prix de cette escarbille.

*

Les actions du poète ne sont que la conséquence des énigmes de la poésie.

*

Un grand poète se remarque à la quantité de pages insignifiantes qu'il n'écrit pas. Il a toutes les rues de la vie oublieuse pour distribuer ses moyennes aumônes et cracher le petit sang dont il ne meurt pas.

*

Décide seul de la tactique. Ne te confie qu'à ton sérieux.

*

Les jours de pluie, nettoie ton fusil. (Entretenir l'arme, la chose, le mot ? Savoir distinguer la liberté du mensonge, le feu du feu criminel.)

*

L'obsession de la moisson et l'indifférence à l'Histoire sont les deux extrémités de mon arc.

*

Le XXe siècle voit la revanche physique et quasiment totale du pouvoir des Sorciers contenu jusqu'alors par le bûcher, l'exorcisme puis l'allègre illusion de la Révolution.

*

Pleurer longtemps solitaire mène à quelque chose.

*

Nous sommes forts. Toutes les forces sont liguées contre nous. Nous sommes vulnérables. Beaucoup moins que nos agresseurs qui, eux, s'ils ont le crime, n'ont pas le second souffle.

*

Si tu ne libères rien de toi pour retenir plus certaine-
ment l'angoisse, car sans l'angoisse tu n'es qu'élémentaire,
ni ne corriges pour rendre unique, tu pourriras vivant.

*

Il faut intarissablement se passionner, en dépit d'équi-
voques découragements et si minimes que soient les répa-
rations.

*

Au centre de la poésie, un contradicteur t'attend. C'est
ton souverain. Lutte loyalement contre lui.

*

Homme aux mille touchers, aux couteaux en roue de
paon. Homme jovialement cruel et terrorisé. Homme de
toujours aux mains et aux pieds de gisant.

*

Les yeux clos et dans l'effort de m'endormir, je vois luire
au fond de mes paupières une braise qui est l'âme obstinée,
l'épave clignotante du naufrage glorieux de ma journée.

*

La vraie violence (qui est révolte) n'a pas de venin.
Quelquefois mortelle mais par pur accident. Échapper aux
orthodoxies. Leur conduite est atroce.

254

*

Le poète au sortir des demeures : les toiliers de l'espace lui offrent un orchestre.

*

Temps aux lèvres de lime en des visages successifs, tu t'aiguises, tu deviens fiévreux...

*

Épreuves qui montrez aberrante la récompense.

*

Phare, tueur d'hirondelles, alentour la mer moutonne, les rivages sont couchés. Moi qui veille t'apprécie de balayer ma page.

*

Émerge autant que possible à ta propre surface. Que le risque soit ta clarté. Comme un vieux rire. Dans une entière modestie.

*

Et toi, cime d'aujourd'hui, amante, ne crains pas que je t'ajoute aux dons qui t'ont précédée.

*

Pourquoi avons-nous quelquefois tendance à devenir à notre insu cet homme délétère dont nous détestons l'image ?

*

Comment agressé de toutes parts, croqué, haï, roué, arrivons-nous cependant à jouir debout, debout, debout, avec notre exécration, avec nos reins ?

*

La perte du croyant c'est de rencontrer son église.

*

La tentation de s'effacer derrière le pullulement des mains.

*

Tant de mots sont synonymes d'adieu, tant de visages n'ont pas d'équivalent.

*

L'expérience que la vie dément, celle que le poète préfère.

*

J'aime l'homme incertain de ses fins comme l'est, en avril, l'arbre fruitier.

*

Cet instant où la Beauté, après s'être longtemps fait attendre, surgit des choses communes, traverse notre champ radieux, lie tout ce qui peut être lié, allume tout ce qui doit être allumé de notre gerbe de ténèbres.

*

On oublie trop que ce ne sont pas en vérité des doctrines qui sont au pouvoir, mais des individus et des tempéraments. L'arbitraire, l'évolution ou le bien-être obtenus dépendent plus de la nature particulière des hommes que de l'exercice et des objectifs des idées. Mais à la longue, le dard sourd des idéologies...

*

Les vrais, les purs bâtisseurs haïssent la léthargie des forteresses.

*

Si ce n'est pas le capitaine, sur la passerelle du navire, qui dirige la manœuvre, ce sont les rats.

*

La crainte, l'ironie, l'angoisse que vous ressentez en présence du poète qui porte le poème sur toute sa personne, ne vous méprenez pas, c'est du pur bonheur, du bonheur soustrait aux regards et à sa propre nature.

*

Oiseaux que nous lapidons au pur moment de votre véhémence, où tombez-vous ?

257

*

J'ai commencé par rêver les choses impossibles, puis, les ayant atteintes, le possible à son tour est devenu impossible. Mon pouvoir s'est évanoui.

*

Les grands prévoyants précèdent un climat, parfois le fixent, mais ne devancent pas des faits. Ils peuvent tout au plus, les déduisant de ce climat, crayonner les contours de leur fantôme et, s'ils ont scrupule, par anticipation, les flétrir. Ce qui aura lieu baigne, au même titre que ce qui a passé, dans une sorte d'immersion.

*

Il nous faut une haleine à casser des vitres. Et pourtant il nous faut une haleine que nous puissions retenir longtemps.

*

Peu d'états souverains m'apparaissent comme un point culminant. Ma route est, je crois, un bâton éclaté. Le désir vaut le but quand le but est enfoui en nous. Que je tombe enfin de toute ma masse n'humiliera pas notre ellipse commune!

*

Seigneur Temps! folles herbes! marcheurs puissants!

Pour ces victoires chèrement acquises qui cessent de parler.

Je ne suis pas très éloigné à présent de la ligne d'emboîture et de l'instant final où, toute chose en mon esprit, par fusion et synthèse, étant devenue absence et promesse d'un futur qui ne m'appartient pas, je vous prierai de m'accorder mon silence et mon congé.

*

Mais qui rétablira autour de nous cette immensité, cette densité réellement faites pour nous, et qui, de toutes parts, non divinement, nous baignaient?

. . . .

Nous sommes des météores à gueule de planète. Notre ciel est une veille, notre course une chasse, et notre gibier est une goutte de clarté.

Ensemble nous remettrons la Nuit sur ses rails; et nous irons, tour à tour nous détestant et nous aimant, jusqu'aux étoiles de l'aurore.

*

Monôme.

La poésie est à la fois parole et provocation silencieuse, désespérée, de notre être-exigeant pour la venue d'une réalité qui sera sans concurrente. Imputrescible celle-là. Impérissable, non; car elle court les dangers de tous. Mais la seule qui visiblement triomphe de la mort matérielle. Telle est la Beauté apparue dès les premiers temps de notre cœur, tantôt dérisoirement conscient, tantôt lumineusement averti.

*

J'ai cherché dans mon encre ce qui ne pouvait être quêté : la tache pure au delà de l'écriture souillée.

*

Dans le tissu du poème doit se retrouver un nombre égal de tunnels dérobés, de chambres d'harmonie, en même temps que d'éléments futurs, de havres au soleil, de pistes captieuses et d'existants s'entr'appelant. Le poète est le passeur de tout cela qui forme un ordre. Et un ordre insurgé.

*

Les fondations les plus fermes reposent sur la fidélité et l'examen critique de cette fidélité.

*

Nous touchons au temps du suprême désespoir et de l'espoir pour rien, au temps indescriptible.

*

Le monde jusqu'ici toujours racheté va-t-il être mis à mort devant nous, contre nous? Criminels sont ceux qui arrêtent le temps dans l'homme pour l'hypnotiser et perforer son âme.

*

*Ah! si chacun, noble naturellement et délié autant qu'il
le peut, soulevait la sienne montagne en mettant en péril
son bien et ses entrailles, alors passerait à nouveau
l'homme terrestre, l'homme qui va, le garant qui élargit,
les meilleurs semant le prodige.*

LE REMPART DE BRINDILLES

(1953)

A Yves Battistini.

VERS L'ARBRE-FRÈRE
AUX JOURS COMPTÉS

Harpe brève des mélèzes,
Sur l'éperon de mousse et de dalles en germe
— Façade des forêts où casse le nuage —,
Contrepoint du vide auquel je crois.

Le dessein de la poésie étant de nous rendre souverains en nous impersonnalisant, nous touchons, grâce au poème, à la plénitude de ce qui n'était qu'esquissé ou déformé par les vantardises de l'individu.

Les poèmes sont des bouts d'existence incorruptibles que nous lançons à la gueule répugnante de la mort, mais assez haut pour que, ricochant sur elle, ils tombent dans le monde nominateur de l'unité.

Nous sommes déroutés et sans rêve. Mais il y a toujours une bougie qui danse dans notre main. Ainsi l'ombre où nous entrons est notre sommeil futur sans cesse raccourci.

Lorsque nous sommes aptes à monter à l'aide de l'échelle naturelle vers quelque sommet initiant, nous laissons en bas les échelons du bas; mais quand nous redescendons, nous faisons glisser avec nous tous les échelons du sommet. Nous enfouissons ce pinacle dans notre fonds le plus rare et le mieux défendu, au-dessous de l'échelon dernier, mais avec plus d'acquisitions et de richesses encore que notre

aventure n'en avait rapporté de l'extrémité de la trem-
blante échelle.

Ne cherche pas les limites de la mer. Tu les détiens.
Elles te sont offertes au même instant que ta vie évaporée.
Le sentiment, comme tu sais, est enfant de la matière; il
est son regard admirablement nuancé.

Jeunes hommes, préférez la rosée des femmes, leur
cruauté lunatique, à laquelle votre violence et votre amour
pourront riposter, à l'encre inanimée des meurtriers de
plume. Tenez-vous plutôt, rapides poissons musclés, dans
la cascade.

Nous vivons collés à la poitrine d'une horloge qui,
désemparée, regarde finir et commencer la course du soleil.
Mais elle courbera le temps, liera la terre à nous; et cela
est notre succès.

Si la tempête en permanence brûle mes côtes, mon onde
au large est profonde, complexe, prestigieuse. Je n'attends
rien de fini, j'accepte de godiller entre deux dimensions
inégales. Pourtant mes repères sont de plomb, non de liège,
ma trace est de sel, non de fumée.

Échapper à la honteuse contrainte du choix entre l'obéis-
sance et la démence, esquiver l'abat de la hache sans cesse
revenante du despote contre laquelle nous sommes sans
moyens de protection, quoique étant aux prises sans trêve,

voilà notre rôle, notre destination, et notre dandinement justifiés. Il nous faut franchir la clôture du pire, faire la course périlleuse, encore chasser au delà, tailler en pièces l'inique, enfin disparaître sans trop de pacotilles sur soi. Un faible remerciement donné ou entendu, et rien d'autre.

Combien s'imaginent porter la terre et exprimer le monde, qui trépignent de ne pouvoir s'informer mielleusement de leur destin auprès de la Pythie.

Je crois en Lui : il n'est pas.
Je ne m'en rapporte pas à lui : est-Il ?
Principe de tout avancement, de tout dégagement. Nuit ouverte et glacée! Ah! fin de la chaîne des démentis.
(La quête d'un grand Être, n'est-ce qu'une pression de doigt du présent entravé sur l'avenir en liberté ? Les lendemains non touchés sont vastes. Et là-bas est divin où ne retentit pas le choc de notre chaîne.)

Êtres que l'aurore semble laver de leurs tourments, semble doter d'une santé, d'une innocence neuves, et qui se fracassent ou se suppriment deux heures après... Êtres chers dont je sens la main.

La cheminée du palais de même que l'âtre de la chaumière fument depuis que la tête du roi se trouve sur les chenets, depuis que les semelles du représentant du peuple se chauffent naïvement à cette bûche excessive qui ne peut pas se consumer malgré son peu de cervelle et l'effroi de ceux pour lesquels elle fut guillotinée. Entre les illusions qui

268

nous gouvernent, peut-être reverra-t-on celles, dans l'ordre naturel appelées, que quelque aspect du sacré tempère et qui sont au regard averti les moins cyniquement dissimulées. Mais cette apparition, que les exemples précédents ont disqualifiée, doit attendre encore, car elle est sans énergie et sans bonté dans des limbes que le poison mouille. La propriété redevenant l'infini impersonnel à l'extérieur de l'homme, la cupidité ne sera plus qu'une fièvre d'étape que chaque lendemain absorbera. Tout l'embasement néanmoins est à réinventer. La vie bousillée est à ressaisir, avec tout le doré du couchant et la promesse de l'éveil, successivement. Et honneur à la mélancolie augmentée par l'été d'un seul jour, à midi impétueux, à la mort.

Tour à tour coteau luxuriant, roc désolé, léger abri, tel est l'homme, le bel homme déconcertant.

Disparus, l'élégance de l'ombre nous succède.

Nota. — Cessons de miroiter. Toute la question sera, un moment, de savoir si la mort met bien le point final à tout. Mais peut-être notre cœur n'est-il formé que de la réponse qui n'est point donnée ?

Hors la poésie et ses phrases passionnées, il te faut quelquefois prendre garde aux mots que tu écris, aux panacées que tu prononces, auxquels ton esprit confère une infaillibilité de longue haleine et la faculté de fine manœuvre. Qui sera ton lecteur ? Quelqu'un pratiquement que

*ta spéculation arme mais que ta plume innocente. Cet oisif,
sur ses coudes, à sa fenêtre ? Ce campeur imprudent ? Ce
criminel encore sans objet ? Tu ne sais pas. Prends garde,
quand tu peux, aux mots que tu écris.*

LA BIBLIOTHÈQUE EST EN FEU

(1955)

A Georges Braque.

Par la bouche de ce canon, il neige. C'était l'enfer dans notre tête. Au même moment c'est le printemps au bout de nos doigts. C'est la foulée de nouveau permise, la terre en amour, les herbes exubérantes.

L'esprit aussi, comme toute chose, a tremblé.

L'aigle est au futur.

Toute action qui engage l'âme, quand bien même celle-ci en serait ignorante, aura pour épilogue un repentir ou un chagrin. Il faut y consentir.

Comment me vint l'écriture? Comme un duvet d'oiseau sur ma vitre, en hiver. Aussitôt s'éleva dans l'âtre une bataille de tisons qui n'a pas, encore à présent, pris fin.

Soyeuses villes du regard quotidien, insérées parmi d'autres villes, aux rues tracées par nous seuls, sous l'aile d'éclairs qui répondent à nos attentions.

273

Tout en nous ne devrait être qu'une fête joyeuse quand quelque chose que nous n'avons pas prévu, que nous n'éclairons pas, qui va parler à notre cœur, par ses seuls moyens, s'accomplit.

Continuons à jeter nos coups de sonde, à parler à voix égale, par mots groupés, nous finirons par faire taire tous ces chiens, par obtenir qu'ils se confondent avec l'herbage, nous surveillant d'un œil fumeux, tandis que le vent effacera leur dos.

L'éclair me dure.

Il n'y a que mon semblable, la compagne ou le compagnon, qui puisse m'éveiller de ma torpeur, déclencher la poésie, me lancer contre les limites du vieux désert afin que j'en triomphe. Aucun autre. Ni cieux, ni terre privilégiée, ni choses dont on tressaille, ne le peuvent. Torche, je ne valse qu'avec lui.

On ne peut pas commencer un poème sans une parcelle d'erreur sur soi et sur le monde, sans une paille d'innocence aux premiers mots.

Dans le poème, chaque mot ou presque doit être employé dans son sens originel. Certains, se détachant, deviennent plurivalents. Il en est d'amnésiques. La constellation du Solitaire est tendue.

La poésie me volera ma mort.

Pourquoi poème pulvérisé? *Parce qu'au terme de son voyage vers le Pays, après l'obscurité prénatale et la dureté terrestre, la finitude du poème est lumière, apport de l'être à la vie.*

Le poète ne retient pas ce qu'il découvre; l'ayant transcrit le perd bientôt. En cela réside sa nouveauté, son infini et son péril.

Mon métier est un métier de pointe.

On naît avec les hommes, on meurt inconsolé parmi les dieux.

La terre qui reçoit la graine est triste. La graine qui va tant risquer est heureuse.

Il est une malédiction qui ne ressemble à aucune autre. Elle papillote dans une sorte de paresse, a une nature avenante, se compose un visage aux traits rassurants. Mais quel ressort, passe la feinte, quelle course immédiate au but! Probablement, car l'ombre où elle échafaude est maligne, la région parfaitement secrète, elle se soustraira à une appellation, s'esquivera toujours à temps. Elle dessine dans le voile du ciel de quelques clairvoyants des paraboles assez effrayantes.

Livres sans mouvement. Mais livres qui s'introduisent avec souplesse dans nos jours, y poussent une plainte, ouvrent des bals.

Comment dire ma liberté, ma surprise, au terme de mille détours : il n'y a pas de fond, il n'y a pas de plafond.

Parfois la silhouette d'un jeune cheval, d'un enfant lointain, s'avance en éclaireur vers mon front et saute la barre de mon souci. Alors sous les arbres reparle la fontaine.

Nous désirons rester inconnus à la curiosité de celles qui nous aiment. Nous les aimons.

La lumière a un âge. La nuit n'en a pas. Mais quel fut l'instant de cette source entière ?

Ne pas avoir plusieurs morts suspendues et comme enneigées. N'en avoir qu'une, de bon sable. Et sans résurrection.

Arrêtons-nous près des êtres qui peuvent se couper de leurs ressources, bien qu'il n'existe pour eux que peu ou pas de repli. L'attente leur creuse une insomnie vertigineuse. La beauté leur pose un chapeau de fleurs.

*Oiseaux qui confiez votre gracilité, votre sommeil péril-
leux, à un ramas de roseaux, le froid venu, comme nous
vous ressemblons!*

*J'admire les mains qui emplissent; et pour apparier,
pour joindre, le doigt qui refuse le dé.*

*Je m'avise parfois que le courant de notre existence
n'est rien moins que prévenu, qu'insaisissable, puisque
nous subissons non seulement sa faculté capricieuse, mais
le facile mouvement des bras et des jambes qui nous ferait
aller là où nous serions heureux d'aller, sur la rive
convoitée, à la rencontre d'amours dont les différences nous
enrichiraient, ce mouvement demeure inaccompli, vite décli-
nant en image, comme un parfum en boule sur notre pensée.*

*Désir, désir qui sait, nous ne tirons avantage de nos
ténèbres qu'à partir de quelques souverainetés véritables,
assorties d'invisibles flammes, d'invisibles chaînes qui, se
révélant, pas après pas, nous font briller.*

*La beauté fait son lit sublime toute seule, étrange-
ment bâtit sa renommée parmi les hommes, à côté d'eux,
mais à l'écart.*

*Semons les roseaux et cultivons la vigne sur les coteaux,
au bord des plaies de notre esprit. Doigts cruels, mains
précautionneuses, ce lieu facétieux est propice.*

Celui qui invente, au contraire de celui qui découvre, n'ajoute aux choses, n'apporte aux êtres que des masques, des entre-deux, une bouillie de fer.

Enfin toute la vie! quand j'arrache la douceur de ta vérité amoureuse à ton profond.

Restez près du nuage. Veillez près de l'outil. Toute semence est détestée.

Bienfaisance des hommes certains matins stridents. Dans le fourmillement de l'air en délire, je monte, je m'enferme, insecte indévoré, suivi et poursuivant.

Face à ces eaux, de formes dures, où passent en bouquets éclatés toutes les fleurs de la montagne verte, les Heures épousent des dieux.

Frais soleil dont je suis la liane.

LES COMPAGNONS DANS LE JARDIN

(1957)

A André du Bouchet et à Jacques Dupin.

L'homme n'est qu'une fleur de l'air tenue par la terre, maudite par les astres, respirée par la mort; le souffle et l'ombre de cette coalition, certaines fois, le surélèvent.

Notre amitié est le nuage blanc préféré du soleil.

Notre amitié est une écorce libre. Elle ne se détache pas des prouesses de notre cœur.

Où l'esprit ne déracine plus mais replante et soigne, je nais. Où commence l'enfance du peuple, j'aime.

*Au XX*e *siècle l'homme fut au plus bas. Les femmes s'éclairaient et se déplaçaient vite, sur un surplomb où seuls nos yeux avaient accès.*

A une rose je me lie.

Nous sommes ingouvernables. Le seul maître qui nous soit propice, c'est l'Éclair, qui tantôt nous illumine et tantôt nous pourfend.

Éclair et rose, en nous, dans leur fugacité, pour notre accomplissement, s'ajoutent.

Je suis d'herbe dans ta main, ma pyramide adolescente. Je t'aime sur tes mille fleurs refermées.

Prête au bourgeon, en lui laissant l'avenir, tout l'éclat de la fleur profonde. Ton dur second regard le peut. De la sorte, le gel ne le détruira pas.

Ne permettons pas qu'on nous enlève la part de la nature que nous renfermons. N'en perdons pas une étamine, n'en cédons pas un gravier d'eau.

Après le départ des moissonneurs, sur les plateaux de l'Ile-de-France, ce menu silex taillé qui sort de terre, à peine dans notre main, fait surgir de notre mémoire un noyau équivalent, noyau d'une aurore dont nous ne verrons pas, croyons-nous, l'altération ni la fin; seulement la rougeur sublime et le visage levé.

Leur crime : un enragé vouloir de nous apprendre à mépriser les dieux que nous avons en nous.

Ce sont les pessimistes que l'avenir élève. Ils voient de leur vivant l'objet de leur appréhension se réaliser. Pourtant la grappe, qui a suivi la moisson, au-dessus de son cep, boucle; et les enfants des saisons, qui ne sont pas selon l'ordinaire réunis, au plus vite affermissent le sable au bord de la vague. Cela, les pessimistes le perçoivent aussi.

Ah! le pouvoir de se lever autrement.

Dites, ce que nous sommes nous fera jaillir en bouquet ?

Un poète doit laisser des traces de son passage, non des preuves. Seules les traces font rêver.

Vivre, c'est s'obstiner à achever un souvenir ? Mourir, c'est devenir, mais nulle part, vivant ?

Le réel quelquefois désaltère l'espérance. C'est pourquoi, contre toute attente, l'espérance survit.

Toucher de son ombre un fumier, tant notre flanc renferme de maux et notre cœur de pensées folles, se peut; mais avoir en soi un sacré.

Lorsque je rêve et que j'avance, lorsque je retiens l'ineffable, m'éveillant, je suis à genoux.

L'Histoire n'est que le revers de la tenue des maîtres. Aussi une terre d'effroi où chasse le lycaon et que râcle la *vipère. La détresse est dans le regard des sociétés humaines et du Temps, avec des victoires qui montent.*

Luire et s'élancer — prompt couteau, lente étoile.

Dans l'éclatement de l'univers que nous éprouvons, prodige! les morceaux qui s'abattent sont vivants.

Ma toute terre, comme un oiseau changé en fruit dans un arbre éternel, je suis à toi.

Ce que vos hivers nous demandent, c'est d'enlever dans les airs ce qui ne serait sans cela que limaille et souffre-douleur. Ce que vos hivers nous demandent, c'est de préluder pour vous à la saveur : une saveur égale à celle que chante sous sa rondeur ailée la civilisation du fruit.

Ce qui me console, lorsque je serai mort, c'est que je serai là — disloqué, hideux — pour me voir poème.

Il ne faut pas que ma lyre me devine, que mon vers se trouve ce que j'aurais pu écrire.

Le merveilleux chez cet être : toute source, en lui, donne le jour à un ruisseau. Avec le moindre de ses dons descend une averse de colombes.

Dans nos jardins se préparent des forêts.

Les oiseaux libres ne souffrent pas qu'on les regarde.
Demeurons obscurs, renonçons à nous, près d'eux.

O survie encore, toujours meilleure!

SUR UNE NUIT SANS ORNEMENT

(1957)

Regarder la nuit battue à mort; continuer à nous suffire en elle.

Dans la nuit, le poète, le drame et la nature ne font qu'un, mais en montée et s'aspirant.

La nuit porte nourriture, le soleil affine la partie nourrie.

Dans la nuit se tiennent nos apprentissages en état de servir à d'autres encore, après nous. Fertile est la fraîcheur de cette gardienne!

L'infini attaque mais un nuage sauve.

La nuit s'affilie à n'importe quelle instance de la vie disposée à finir en printemps, à voler par tempête.

La nuit se colore de rouille quand elle consent à nous entrouvrir les grilles de ses jardins.

Au regard de la nuit vivante, le rêve n'est parfois qu'un lichen spectral.

Il ne fallait pas embraser le cœur de la nuit. Il fallait que l'obscur fût maître où se cisèle la rosée du matin.

La nuit ne succède qu'à elle. Le beffroi solaire n'est qu'une tolérance intéressée de la nuit.

La reconduction de notre mystère, c'est la nuit qui en prend soin; la toilette des élus, c'est la nuit qui l'exécute.

La nuit déniaise notre passé d'homme, incline sa psyché devant le présent, met de l'indécision dans notre avenir.

Je m'emplirai d'une terre céleste.

Nuit plénière où le rêve malgracieux ne clignote plus, garde-moi vivant ce que j'aime.

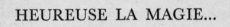

HEUREUSE LA MAGIE...

A l'intérieur du noyau de l'atome, dauphin appelé à la monarchie absolue, j'aperçois, en promesse, des tyrannies non moins perverses que celles qui dévastèrent à plusieurs reprises le monde, des églises dont la charité n'est qu'un coquillage, qu'une algue sur les bancs agités de la mer. Je distingue des êtres dont la détresse n'est pas même atténuée par la nuit conciliante, et des génies qui défient le malheur et l'injustice.

Ce qui suscita notre révolte, notre horreur, se trouve à nouveau là, réparti, intact et subordonné, prêt à l'attaque, à la mort. Seule la forme de la riposte restera à découvrir ainsi que les motifs lumineux qui la vêtiront de couleurs impulsives.

Vie aimée, voici que le puissant Temps revenu se penche sur Toi, satisfait sa fièvre, et, prodigue de désir, donne le tranchant.

(1948.)

NOUS RESTERONS ATTACHÉS...

Nous resterons attachés, en dépit des doutes et des inter-
dits, à cette illusion *parfilée de gaieté et de larmes que*
tant d'intérêts et tant d'amour réellement recouvrent. Sans
cesse déchue et réintégrée, parmi les promesses que nous
nous soufflons et nous jetons à l'oreille, rien jusqu'ici n'a
pu en faire plier la suprématie. Elle se tient devant nos
investigations comme un sphinx qui tantôt sourirait pour
la première fois et tantôt nous semblerait hors d'usage.
Qui sait ? Parce que sa durée ne court pas seulement entre
le bref bonheur de nos parents et notre poussière lointaine;
parce qu'elle est inscrite en filigrane dans le jour en même
temps que dans nos yeux.

(1954.)

REMISE

Laissez filer les guides maintenant c'est la plaine
Il gèle à la frontière chaque branche l'indique
Un tournant va surgir prompt comme une fumée
Où flottera bonjour arqué comme une écharde
L'angoisse de faiblir sous l'écorce respire
Le couvert sera mis autour de la margelle
Des êtres bienveillants se porteront vers nous
La main à votre front sera froide d'étoiles
Et pas un souvenir de couteau sur les herbes.

. . . .

(1937.)

BIBLIOGRAPHIE
DES ŒUVRES DE RENÉ CHAR.

1929 Arsenal.
Édition originale, hors-commerce, tirée à 26 exemplaires. Frontispice de Domingo.

1930 Arsenal.
Édition augmentée, hors-commerce, tirée à 39 exemplaires. Frontispice de Domingo, différent de celui de la première édition.

1930 Le Tombeau des Secrets.
Poèmes et photos. Édition originale, hors-commerce.

1930 Artine.
Édition originale. Exemplaires de tête ornés d'une gravure par Salvador Dali. *Éditions surréalistes.*

1931 L'Action de la justice est éteinte.
Édition originale. *Éditions surréalistes.*

1933 Paul Éluard.
Cahier de 4 pages, hors-commerce, tiré à petit nombre.

1933 Hommage a D.-A.-F. de Sade.
Cahier de 4 pages, hors-commerce, tiré à petit nombre.

1934 Le Marteau sans maitre.
Édition collective en partie originale compre-

nant : ARSENAL, ARTINE, L'ACTION DE LA JUSTICE
EST ÉTEINTE, POÈMES MILITANTS, ABONDANCE
VIENDRA. Exemplaires de tête ornés d'une pointe
sèche par Kandinsky. *Éditions surréalistes.*

1936 MOULIN PREMIER.
Édition originale. *G. L. M.*

1936 DÉPENDANCE DE L'ADIEU.
Un poème avec un dessin de Picasso. Édition
originale. Tirage limité à 70 exemplaires.
G. L. M.

1937 PLACARD POUR UN CHEMIN DES ÉCOLIERS.
Illustré par Valentine Hugo, 5 pointes sèches
pour les exemplaires du tirage de tête. Édition
originale. *G. L. M.*

1938 DEHORS LA NUIT EST GOUVERNÉE.
Édition originale. *G. L. M.*

1938 LE VISAGE NUPTIAL.
Un poème. Édition originale, hors-commerce,
tiré à petit nombre.

1945 PREMIÈRES ALLUVIONS.
Édition originale. *Éditions de la revue « Fontaine ».*

1945 LE MARTEAU SANS MAITRE.
Augmenté de MOULIN PREMIER. Exemplaires de
tête ornés d'une eau-forte par Picasso. *Librairie
José Corti.*

1945 SEULS DEMEURENT.
Édition originale. *N. R. F.*

1946 FEUILLETS D'HYPNOS.
Édition originale. *N. R. F.*

1947 LE POÈME PULVÉRISÉ.
Exemplaires de tête ornés d'une lithographie par
Henri Matisse. Édition originale. *Éditions de la
revue « Fontaine ».*

1948 FUREUR ET MYSTÈRE.
Édition collective en partie originale compre-
nant : SEULS DEMEURENT, FEUILLETS D'HYPNOS,
LA CONJURATION, LES LOYAUX ADVERSAIRES, LE

Poème pulvérisé, La Fontaine narrative.
N. R. F.

1948 Fête des arbres et du chasseur.
Exemplaires de tête ornés d'une lithographie en
couleurs par Joan Miro. Édition originale.
G. L. M.

1949 Dehors la nuit est gouvernée.
Précédé de Placard pour un chemin des écoliers. Édition collective. G. L. M.

1949 Claire.
Édition originale. N. R. F.

1949 Le Soleil des eaux.
Illustré de 4 eaux-fortes par Georges Braque.
Édition originale. Tirage limité à 200 exem-
plaires. Librairie Henri Matarasso.

1950 Les Matinaux.
Édition originale. N. R. F.

1950 Art bref.
Suivi de Premières Alluvions. Édition en partie originale. G. L. M.

1951. Quatre Fascinants. La Minutieuse.
Illustré d'une eau-forte par Pierre Charbonnier.
Édition originale. Tirage limité à 86 exemplaires,
hors-commerce.

1951 A une sérénité crispée.
Édition originale. Vignettes par Louis Fernandez. N. R. F.

1951 Poèmes.
Illustré de 14 bois et d'une lithographie par
Nicolas de Staël. Tirage limité à 120 exemplaires.
Galerie Jacques Dubourg.

1952 La Paroi et la Prairie.
Édition originale. G. L. M.

1953 Lettera Amorosa.
Édition originale. N. R. F.

1953 Arrière-histoire du poème pulvérisé.
Lithographie en couleurs par Nicolas de Staël.

Tirage limité à 120 exemplaires. *Librairie Jean Hugues.*

1953 LE REMPART DE BRINDILLES.
Illustré de 5 eaux-fortes en couleurs par Wifredo Lam. Tirage limité à 120 exemplaires. *Louis Broder, éditeur.*

1953 CHOIX DE POÈMES.
Établi par Jean Pénard. *Brigadas liricas*, Buenos Aires (Argentine).

1954 A LA SANTÉ DU SERPENT.
Illustré de dessins par Joan Miro. Lithographie en couleurs pour les exemplaires de tête. Tirage limité. *G. L. M.*

1954 LE DEUIL DES NÉVONS.
Pointe sèche par Louis Fernandez. Édition originale. Tirage limité à 180 exemplaires. *Éditions « Le Cormier »*, à Bruxelles.

1955 POÈMES DES DEUX ANNÉES.
Eau-forte par Alberto Giacometti pour les 50 exemplaires de tête. Édition originale. *G. L. M.*

1955 RECHERCHE DE LA BASE ET DU SOMMET.
Édition originale. *N. R. F.*

1956 LA BIBLIOTHÈQUE EST EN FEU.
Eau-forte en couleurs par Georges Braque. Édition originale en reproduction manuscrite. Tirage limité à 120 exemplaires. *Louis Broder, éditeur.*

1956 L'ABOMINABLE HOMME DES NEIGES.
Ballet. Édition originale. Tirage limité à 200 exemplaires. *Librairie L. D. F.*, Le Caire.

1956 POUR NOUS, RIMBAUD...
Édition originale. Tirage limité à 75 exemplaires, hors-commerce. *G. L. M.*

1956 EN TRENTE-TROIS MORCEAUX.
Exemplaires de tête ornés d'une eau-forte en couleurs par René Char. *G. L. M.*

1957 LES COMPAGNONS DANS LE JARDIN.
Orné d'eaux-fortes par Zao Wou-Ki. Édition originale. *Louis Broder, éditeur.*

1957 LA BIBLIOTHÈQUE EST EN FEU ET AUTRES POÈMES. — Édition collective. *G. L. M.*

OUVRAGES EN COLLABORATION.

1930 RALENTIR TRAVAUX.
Avec André Breton et Paul Éluard. Édition originale. *Éditions surréalistes.*

1945 RÊVES D'ENCRE.
25 images de José Corti présentées par Paul Éluard, René Char, Julien Gracq et Gaston Bachelard. *Éditions José Corti.*

1947 CINQ PARMI D'AUTRES.
Avec Édith Thomas, J. Lecompte-Boinet, général de Larminat, Vercors. *Éditions de Minuit.*

TABLE

A l'exception de quelques textes inédits, les poèmes et les proses qui forment ce volume sont extraits des ouvrages suivants :

Moulin premier, Placard pour un chemin des écoliers, Dehors la nuit est gouvernée, Fureur et Mystère, Les Matinaux, A une sérénité crispée, La Paroi et la Prairie, Lettera amorosa, Recherche de la base et du sommet, Poèmes des deux années, Le Deuil des Névons, La Bibliothèque est en feu, Les Compagnons dans le jardin.

314

ACHEVÉ D'IMPRIMER
PAR L'IMPRIMERIE FLOCH
MAYENNE

(3704)

LE 24 OCTOBRE 1957

No d'éd. : 5.990. Dép. lég. : 4e trim. 1957

Imprimé en France.

POÈMES
ET PROSE CHOISIS

DE

RENÉ CHAR

L'essentiel de l'œuvre de René Char, de 1935 à 1957, est présent dans ce choix. Les textes qui le composent s'insèrent donc dans vingt années d'existence et sont extraits de *Moulin premier*, *Placard pour un chemin des écoliers*, *Dehors la nuit est gouvernée*, *Fureur et Mystère*, *Les Matinaux*, *A une sérénité crispée*, *La paroi et la prairie*, *Lettera amorosa*, *Recherche de la base et du sommet*, *Poèmes des deux années*, *La Bibliothèque est en feu et autres poèmes*.

L'ouvrage comprend deux parties : les poèmes en prose et en vers; ensuite des textes pour la plupart aphoristiques.

Le choix a été fait par René Char, qui lui a ajouté quelques poèmes inédits.

650 F   B. C. + T. L.